AF397303

LE CADENAS

« Il faut appliquer à chaque espèce
« de maladie le remède qui lui est pro-
« pre, et par conséquent faire beaucoup
« plus de fond, sur la prudence person-
« nelle de ceux qui gouvernent, que sur
« des préceptes et des règles fixes. »

BACON, *Des Troubles et des Séditions*
(ESS. DE MOR. ET DE POL.).

THÈSE POUR LE DOCTORAT

Présentée et soutenue le mardi 11 juillet 1899, à 10 heures

PAR

CHARLES CRÉPIN

PARIS

LIBRAIRIE NOUVELLE DE DROIT ET DE JURISPRUDENCE

ARTHUR ROUSSEAU, ÉDITEUR,

14, RUE SOUFFLOT ET RUE TOULLIER, 13

1899

THÈSE

POUR LE DOCTORAT

FACULTÉ DE DROIT DE LILLE

Enseignement :

MM. VALLAS (O. I. ✿), Doyen, Professeur de Droit civil.
FÉDER (O. I. ✿), Professeur de Droit civil.
GARÇON (O. I. ✿), Professeur de Droit criminel, chargé de cours à la Faculté de Paris.
LACOUR (O. I. ✿), Professeur de Droit commercial.
BOURGUIN (O. I. ✿), Professeur d'Économie politique.
MOUCHET (O. I. ✿), Professeur de Droit romain.
JACQUEY (O. I. ✿), Professeur d'Histoire du Droit.
WAHL (O. A. ✿), Professeur de Procédure civile.
JACQUELIN (O. A. ✿), Professeur de Droit administratif.
PELTIER, Professeur-Adjoint.
COLLINET, Agrégé, Chargé de cours.
MARGAT, Agrégé, Chargé de cours.
PERCEROU, Agrégé, Chargé de cours.
DUBOIS, Chargé de cours.

Administration :

MM. VALLAS (O. I. ✿), Doyen.
LACOUR (O. I. ✿), Assesseur.
SANSON (O. A. ✿), Secrétaire.

Doyen honoraire :

M. DE FOLLEVILLE (O. I. ✿).

Secrétaire honoraire :

M. PROVANSAL (O. I. ✿).

Jury d'examen :

Président : M. WAHL, *professeur.*
Suffragants : MM. BOURGUIN, *professeur.*
DUBOIS, *chargé de cours.*

LE CADENAS

« Il faut appliquer à chaque espèce
« de maladie le remède qui lui est pro-
« pre, et par conséquent faire beaucoup
« plus de fond, sur la prudence person-
« nelle de ceux qui gouvernent, que sur
« des préceptes et des règles fixes. »

BACON, *Des Troubles et des Sédilions*
(ESS. DE MOR. ET DE POL.).

THÈSE POUR LE DOCTORAT

L'ACTE PUBLIC SUR LES MATIÈRES CI-APRÈS

Sera soutenu le mardi 11 juillet 1899, à 10 heures

PAR

CHARLES CRÉPIN

PARIS

LIBRAIRIE NOUVELLE DE DROIT ET DE JURISPRUDENCE

ARTHUR ROUSSEAU, ÉDITEUR

14, RUE SOUFFLOT ET RUE TOULLIER, 13

1899

BIBLIOGRAPHIE

Amé. — Étude sur les tarifs de douane et sur les traités de commerce, 2 vol. 1876.

P. Beauregard. — Le cadenas (*Monde économique*, 30 novembre 1895).

Charles Roux. — Le cadenas (*Revue des Deux-Mondes*, juin 1894).

— Le cadenas (*Revue bleue*, novembre 1895).

— Encore le cadenas (*Revue politique et parlementaire*, juillet 1897).

Clémot. — Du principe du vote de l'impôt (thèse).

R. Dalla-Volta. — Le catenaccio (*Revue du droit public et de la science politique*, janvier-février 1894).

Dalloz. — Répertoire de législation. *Douanes*.

Esmein. — Éléments de Droit constitutionnel, 1896. Ir⁰ partie, titre II, chap. II et III ; IIᵉ partie, chap. V, section III.

Ch. Gide. — Principes d'économie politique, 6ᵉ édition, 1898, livre II, IIᵉ partie, chap. VI.

P. Leroy-Beaulieu. — Traité de la science des finances, 4ᵉ édition, 1888, tome II, livre 1ᵉʳ, chap. 1ᵉʳ.

Pandectes françaises. *Douanes*.

Répertoire du Droit administratif *de Béquet.Douanes* (par M. Pallain), titre 1ᵉʳ, chap. 1ᵉʳ.

R. Stourm. — Le budget, 1889, chap. I, II et III.

A. Wahl. — Le protectionnisme et ses nouvelles manifestations (*Revue du droit public et de la science politique*, novembre-décembre 1897).

LE CADENAS

INTRODUCTION

DES ATTRIBUTIONS DU POUVOIR EXÉCUTIF EN MATIÈRE D'IMPOTS.

Le principe fondamental du vote des impôts par les représentants de la nation est inscrit dans nos lois constitutionnelles comme dans la plupart des constitutions modernes.

Si on appliquait rigoureusement le principe de la séparation des pouvoirs, le pouvoir exécutif devrait donc être privé de tout droit de décision en matière fiscale. Telle est bien l'idée théorique, mais la loi et la pratique ont considérablement atténué le principe séparatiste en conférant au gouvernement un certain nombre d'attributions financières, par dérogation à la maxime que les mandataires des contribuables ont seuls qualité pour prendre des décisions concernant les finances. Le « cadenas » qui fait l'objet de cette étude est une des plus importantes de ces dérogations : il donne au pouvoir exécutif la faculté de modifier provisoirement les impôts sous la réserve de la ratification des Chambres. Avant d'aborder ce sujet et pour bien poser la question, nous avons cru indispensable de déterminer la part du gouvernement dans la législation fiscale et tel est le but de cette introduction. Partant de la règle de la compétence exclusive des Chambres en matière financière, elle nous permettra d'envisager le « cadenas » à la lumière des principes et par l'examen des exceptions apportées à cette règle, elle nous conduira tout naturellement à son étude.

On ne conteste plus, aujourd'hui que le principe de la souveraineté nationale est à peu près universellement reconnu, qu'il appartient aux représentants de la nation de déterminer les recettes et d'approuver les dépenses publiques.

Ce droit aperçu de bonne heure (1) mais le plus souvent méconnu sous l'ancienne monarchie (2), a été pro-

(1) Philippe de Commynes, *Mémoires*, édition R. Chantelauze, livre V, chap. XIX ; Bodin, *République*, livre I, chap. VIII ; Mirabeau, *Théorie de l'impôt*, VIᵉ entretien ; Fénelon, *Examen de conscience sur les devoirs de la royauté*, art. III-XVIII ; Montesquieu, *Esprit des lois*, livre XI, chap. VI ; Proudhon, *Théorie de l'impôt*, question mise au concours par le Conseil d'État du canton de Vaud en 1860, chap. II, § 2.

(2) Lally-Tollendal pouvait dire au seuil de la Révolution : « Vous n'avez pas ou n'avez plus de loi qui nécessite votre consentement pour les impôts, car vous en demandez une et depuis deux siècles, vous avez été chargés de plus de trois ou quatre cents millions d'impôts sans en avoir consenti un seul. » — Discours prononcé le 15 juin 1789 dans la Chambre de la noblesse. Voy. Thiers, *Histoire de la Révolution française*, tome I, livre I.

clamé par la déclaration des droits de l'homme (art. 14) et consacré par toutes les constitutions qui ont successivement régi la France depuis 1789 (1). Il trouve sa sanction dans toutes les lois de budget, dont l'article final est ainsi conçu : « Toutes contributions directes ou indirectes autres que celles autorisées par la loi de finances de l'exercice..., à quelque titre et sous quelque dénomination qu'elles se perçoivent sont formellement interdites, à peine, contre les autorités qui les ordonneraient, contre les employés qui confectionneraient les rôles et tarifs et ceux qui en feraient le recouvrement, d'être poursuivis comme concussionnaires, sans préjudice de l'action en répétition pendant trois années contre tous receveurs, percepteurs ou individus qui en auraient fait la perception. »

Cette disposition est complétée par l'article 174 du Code pénal qui punit les concussions commises par les fonctionnaires publics.

Le principe du vote de l'impôt inscrit dans la Constitution a été généralement respecté, au moins pour les recettes (2). Pour les dépenses, les Chambres ont

(1) Constitution de 1791, titre III, chap. III, sect. I, art. I ; titre IV, art. 1 ; Constitution de 1793, art. 53, 54, 55 ; Constitution de l'an III, art. 302 et 303 ; Constitution de l'an VIII. art. 45 ; Charte de 1814, art. 48 ; Acte additionnel aux constitutions de l'Empire, art. 34 ; Charte de 1830, art. 41 ; Constitution de 1848, art. 16 et 17 ; Constitution de 1852, art. 39 ; Constitution de 1875, loi du 24 février, art. 8.

(2) Toutefois l'article 45 de la Constitution de l'an VIII a été

été parfois placées en face d'un passé qui ne les laissait plus entièrement maîtresses d'accorder ou de refuser les crédits demandés. Cette façon d'agir a récemment suscité dans le sein du Parlement des plaintes amères. Lors des débats qui précédèrent le vote de la loi relative à l'Exposition de 1900, un député (1) rappelait qu'on avait engagé des pourparlers, lancé des invitations, alors que les Chambres avaient seulement voté en 1894 un crédit de 100.000 francs pour l'étude des moyens d'exécution et il disait : « Dès sa rentrée, le Parlement se trouva *en présence d'une situation qui pouvait apparaître comme n'étant plus entière*, il était appelé à statuer sur une dépense de 100 millions, alors, je le répète, qu'au préalable *on avait engagé la situa-*

violé par Napoléon Ier à plusieurs reprises :

Deux décrets des 16 et 27 mars 1806 établirent un impôt sur le sel ;

Un décret du 29 décembre 1810 institua le monopole des tabacs ;

Un décret du 11 novembre 1813 créa trente centimes additionnels au principal des contributions foncière, personnelle et mobilière et des portes et fenêtres, plus deux décimes additionnels sur le sel et un décime sur toutes les taxes indirectes et les octrois ;

Un décret du 9 janvier 1814 doubla les contributions mobilière et des portes et fenêtres, et porta à 50 les centimes additionnels à l'impôt foncier.

On sait que ces actes inconstitutionnels furent invoqués par le Sénat pour prononcer la déchéance de l'empereur en 1814. Un des considérants du S. C. du 3 avril 1814 était ainsi conçu : « Considérant que Napoléon a déchiré le pacte qui l'unissait au peuple français, notamment en levant des impôts, contre la teneur expresse du serment qu'il avait prêté.... »

(1) M. Chapuis, Chambre, séance du 13 mars 1896, *Journ. Off.* du 14, p. 463. Comp. Sénat, séance du 12 juin 1896, *Journ. Off.* du 13, p. 447 et s.

tion par des invitations adressées aux puissances étrangères. *On avait ainsi la prétention de nous lier les mains
et de nous obliger à nous prononcer sur une question de
principe.* » L'orateur ajoutait très justement : « Pour
ma part, je ne puis admettre une théorie semblable et
j'estime que notre droit est absolu. »

Ces plaintes étaient légitimes. Le droit d'accorder ou
de refuser les subsides au gouvernement est une arme
puissante entre les mains de la nation. Cette prérogative est comme la clef de voûte du régime représentatif
et elle constitue le seul moyen de défense véritablement efficace contre les empiètements du pouvoir exécutif. Barrère s'écriait à la Constituante : « La liberté
du peuple est toute dans l'impôt. C'est là le gage le plus
sûr de ses droits, c'est l'arme la plus précieuse pour
les défendre ou les reconquérir s'ils étaient usurpés. »
Refuser le budget, c'est, en effet, l'unique moyen d'o-
bliger les ministres qui n'ont plus la confiance du
Parlement à abandonner leurs fonctions (1), comme
c'est la seule garantie que le chef du pouvoir exécutif
prendra ses ministres dans les rangs de la majorité (2)..
Ce moyen est même si énergique et les conséquences du
refus de voter les impôts sont si graves, que la menace
en suffit presque toujours.

(1) L'histoire de notre régime parlementaire nous en offre un exemple récent.

(2) A la fin de 1877, c'est par le refus de voter le budget de 1878
que la Chambre put contraindre le chef du pouvoir exécutif à prendre un ministère dans le parti de la majorité.

Le vote des impôts par les représentants de la nation présente en outre de grands avantages pratiques. Sans qu'il soit utile d'insister sur les inconvénients que présenterait l'établissement des recettes par le pouvoir exécutif ou par la nation elle-même, au moyen du referendum, on peut affirmer que c'est le système qui laisse le moins de place à l'arbitraire et présente le plus de garanties au point de vue de l'égalité.

Le principe que les représentants des contribuables ont seuls le droit de prendre les décisions engageant les finances est donc un principe essentiel de notre droit public et c'est pourquoi les exceptions à cette règle sont importantes à examiner ; nous touchons ici au rôle du pouvoir exécutif en matière d'impôts.

Ces exceptions tiennent soit à la volonté du pouvoir législatif qui délègue une partie de ses attributions au gouvernement, soit à la pratique.

Une remarque s'impose tout d'abord. C'est que s'il appartient au Parlement seul d'autoriser les impôts, on ne doit pas refuser au gouvernement toute initiative dans les lois de finances. C'est le pouvoir exécutif, en effet, qui est le mieux à même de déterminer les besoins du Trésor et d'apprécier les résultats de la législation fiscale, c'est lui, en outre, qui doit exécuter le budget, il est donc seul capable de faire une évaluation précise des recettes et des dépenses. C'est ce qu'exprimait le rapporteur du budget en 1816, à la Chambre des Pairs, en cette image poétique : « Le pilote, chargé de conduire un bâtiment, est le seul juge compétent de la position, de l'étendue qu'il doit donner à ses voiles, parce que, seul, il est placé de manière à bien connaître la force et la direction des vents et des courants qui peuvent entraver ou retarder sa marche. » — C'est pourquoi toutes les constitutions en France, sauf celles de 1791 et de l'an III, ont laissé au gouvernement le soin de préparer le budget, et cette attribution naturelle du pouvoir exécutif est reconnue dans la plupart des pays constitutionnels. Les Chambres se réservent d'ailleurs d'accorder ou de refuser leur sanction, selon que les propositions qui leur sont soumises leur paraissent ou non conformes à l'intérêt général, de sorte que les droits de la nation sont sauvegardés. Une séparation absolue des pouvoirs, en matière financière, plus peut-être qu'en toute autre, serait incompatible avec une bonne administration des affaires publiques (1).

Nous trouvons une délégation importante du pouvoir législatif au pouvoir exécutif, dans la faculté qui est accordée au gouvernement, par les articles 4 et 5 de la loi du 14 décembre 1879, d'ouvrir par décret, provi-

____

(1) C'est ce que le sens pratique des Anglais a parfaitement compris. Là cependant, où le Parlement est si puissant qu'on a coutume de dire que « la Chambre des communes peut tout, si ce n'est changer un homme en femme et réciproquement », l'initiative budgétaire appartient exclusivement à la couronne. « La couronne demande, les communes accordent, les lords consentent. » En France, l'initiative parlementaire produit de si mauvais résultats en matière de dépenses dans les discussions budgétaires qu'elle est vivement attaquée sur ce terrain.

soirement, des crédits supplémentaires ou extraordinaires. Mais ce droit est renfermé dans d'étroites limites :

1° Il faut que les Chambres soient absentes, par suite
de prorogation, et non pas de dissolution ;

2° Il faut un décret rendu en Conseil d'État, délibéré
et approuvé en Conseil des ministres ;

3° Le décret doit indiquer les voies et moyens qui
seront affectés aux crédits ;

4° S'il s'agit de crédits supplémentaires. il faut qu'ils
se rattachent à la nomenclature annexée chaque année
à la loi de finances ;

5° S'il s'agit de crédits extraordinaires, ils ne peuvent porter création d'un service nouveau ;

6° Ces décrets doivent être soumis à la sanction des
Chambres, dans la première quinzaine de leur plus
prochaine réunion (1).

Ce droit d'ouvrir des crédits dans certains cas déterminés, a fonctionné sous nos diverses constitutions,
sauf sous le second empire, de 1861 à 1871. Seules les
garanties exigées ont varié.

-----

(1) L'article 14 de la loi du 26 février 1887 a apporté une dérogation aux règles que nous venons d'énoncer. Il dispose que des
crédits supplémentaires ou extraordinaires pourront être ouverts
par décret, même pendant la durée des sessions, pour l'exploitation de l'administration des monnaies et médailles. Ces ouvertures
de crédits doivent être ratifiées par le Parlement dans le délai d'un
mois, s'il est en session, sinon dans la première quinzaine de sa
plus prochaine réunion.

« Pendant l'absence des Chambres, dit M. Stourm (1),
des incidents peuvent se produire, en présence des-
quels le gouvernement ne saurait demeurer au dé-
pourvu. Il faut donc qu'avant de se séparer, le Parlement lui ait délégué, comme à la seule autorité qui
subsistera derrière lui, une certaine partie de ses pouvoirs, afin de parer à cet imprévu à peu près inévitable. »

Par une délégation d'un autre genre, il arrive quelquefois que le législateur, se contentant de déterminer
le principe d'un impôt, laisse au gouvernement le soin
d'en fixer la quotité. C'est ainsi que la loi du 14 juin
1854 sur l'instruction publique décide dans son article 14 qu'un décret en Conseil d'État édictera le tarif des
droits à percevoir pour les diplômes.

Parfois même on voit le soin de compléter l'œuvre
législative confié à une autorité administrative. Ainsi
la loi des patentes du 15 juillet 1880 (art. 4) porte que
les commerces, industries et professions non dénom-
més dans les tableaux n'en sont pas moins assujettis à
la patente et que les droits auxquels ils doivent être
soumis sont réglés d'après l'analogie des opérations ou
des objets de commerce, par un arrêté spécial du préfet, rendu sur la proposition du directeur des contributions directes, et après avoir pris l'avis du maire. Il
convient d'observer que cette classification n'est que

____

(1) *Le budget,* p. 359.

provisoire, en attendant que le législateur ait statué. L'article 4 ajoute en effet que tous les cinq ans des tableaux additionnels contenant la nomenclature des commerces, industries et professions classés par voie d'assimilation, depuis trois années au moins, seront soumis à la sanction législative.

On a même vu le législateur déléguer au pouvoir exécutif le droit de déterminer la peine applicable en cas d'infraction à une loi d'impôt. C'est ainsi que la loi du 27 juillet 1822, sur les douanes, dans son article 10, § 2, laissait à des ordonnances royales le soin de prescrire « les moyens d'ordre et de police nécessaires pour empêcher la fraude ». L'ordonnance du 28 juillet 1822, rendue en exécution de cette loi, prononça en conséquence la peine du double droit en cas de fraude (art. 4). Nous retrouvons la même disposition dans la loi du 12 juillet 1837.

Ce n'est pas toujours au pouvoir exécutif que les Chambres délèguent une partie de leurs attributions; ainsi la loi du 21 avril 1832 (art. 10), qui établit que la taxe personnelle se compose de la valeur de trois journées de travail, charge les conseils généraux de déterminer, sur la proposition du préfet, le prix moyen de la journée de travail dans chaque commune, dans les limites de 1 fr. 50 à 0 fr. 50. Mais ici, les conseils généraux étant des corps élus, le principe du vote de l'impôt est respecté.

Plus souvent, le dernier article de la loi, dans le but

de donner plus de souplesse à son exécution, remet à un règlement d'administration publique le soin de régler le mode d'application, et cette pratique n'est pas sans inconvénients.

Il arrive quelquefois qu'il s'écoule un temps très long entre la promulgation de la loi et la signature du décret en fixant les détails d'exécution. Il en résulte une période d'incertitude pour tous les intéressés. Nous en citerons seulement un exemple récent : une loi du 16 décembre 1897 sur les alcools dénaturés s'en remettait à un règlement d'administration publique, or ce décret ne fut promulgué que le 2 décembre 1898.

En outre, le gouvernement chargé de régler les détails d'exécution d'une loi dépasse parfois ses pouvoirs et la modifie. La loi du 29 juin 1872, dans son article 4, soumettait à la taxe établie par elle sur le revenu des valeurs françaises « les actions, obligations, titres d'emprunts, quelle que soit d'ailleurs leur dénomination, des sociétés, compagnies, entreprises, corporations, villes, provinces étrangères, ainsi que tout autre établissement public étranger ». L'article final de la loi laissait à un règlement d'administration publique le soin de fixer « le mode d'établissement et de perception des droits ». Or le décret du 6 décembre 1872, complémentaire de cette loi, la modifia en étendant les taxes aux sociétés qui, sans avoir de titres en France, y possédaient des immeubles.

A côté de ces dérogations au principe du vote de

l'impôt qui tirent leur origine de la volonté du législateur, il en est d'autres qui dérivent de la pratique.

L'article 3 de la loi du 25 février 1875 donne au chef de l'État « le droit de faire grâce ». La Constitution ne vise par cette disposition que les peines criminelles ; néanmoins la pratique permet au président de la République d'exercer cette prérogative à l'égard des contraventions de droit fiscal et d'adoucir ainsi à sa volonté les pénalités qui en résultent. De plus, la grâce est un droit individuel qui appartient au chef de l'État et que la Constitution ne l'autorise pas à déléguer. Cette règle est observée en matière criminelle : les lettres de grâce sont accordées par un décret, après instruction du recours en grâce à la direction des affaires criminelles et des grâces au Ministère de la justice. Mais en matière financière, le ministre des finances reçoit délégation du droit de remise qu'il subdélègue lui-même aux directeurs généraux des administrations.

Il est même arrivé, par un abus encore plus grave, que des contribuables ont été ainsi libérés d'un impôt légitimement dû. C'est gravement méconnaître le principe et la portée du droit de grâce et c'est revenir à une coutume ancienne repoussée par le droit moderne, mais pratiquée au moyen âge, qui permettait au prince de dispenser qui il voulait de l'application de telle ou telle loi, soit pour l'avenir, soit pour le passé.

« Aujourd'hui, dit M. Esmein (1), la loi nous apparaît

______

(1) *Eléments de droit constitutionnel*, p. 525.

comme une règle uniforme pour tous et inévitable, en
ce sens qu'aucun des pouvoirs publics ne saurait, en
droit, en écarter l'application dans un cas particulier.
Tant qu'elle est en vigueur, le pouvoir exécutif comme
le pouvoir judiciaire sont tenus de l'appliquer rigoureusement et consciencieusement ; et, s'ils s'écartent
en fait de ce devoir, ils commettent des actes irréguliers
et injustifiables en droit. »

Nous trouvons un autre abus dans l'exercice illégal
que font parfois certaines administrations de leur pouvoir de transiger. L'administration des contributions
directes (arrêté du 5 germinal an XII, art. 23, O. du
3 janvier 1821, art. 10 ; D. du 1ᵉʳ novembre 1895) et
l'administration des douanes (arrêté du 14 fructidor
an X, O. du 30 janvier 1822, D. du 8 août 1890) sont
autorisés à transiger. La transaction consiste « dans
la faculté de faire remise avant ou après jugement,
même définitif, de tout ou partie des peines pécuniaires
encourues ou prononcées et dans le pouvoir d'arrêter
l'action publique, quant aux peines corporelles, tant
que cette action ne se trouve pas éteinte par l'arrivée
du terme qui rend un jugement définitif ».

Il est bien évident que les transactions ne peuvent
porter que sur le montant des peines encourues en cas
de contravention, et non sur les droits dus au Trésor,
« matière d'ordre public sur laquelle il n'est pas permis
de transiger » (1) ; néanmoins, dans la pratique, ces

(1) Cassation, 20 décembre 1881, S. 83.1.71, D. P. 82.1.334.

prétendues transactions portent souvent sur la quotité des impôts.

Il semble bien que les concessions accordées à des compagnies ou à des particuliers cachent souvent aussi des réductions d'impôts non prévues par les lois. Voici, en effet, ce que nous lisons dans un discours prononcé au Sénat, le 5 avril 1895, par M. Isaac (1), à propos de la concession d'une forêt sur la côte d'Ivoire : « Et il y a quelque chose de plus critiquable encore dans cette dernière concession, c'est qu'on y a ajouté une clause traditionnelle, qui, jusqu'ici, n'a été publiée nulle part, une clause secrète par laquelle on accorde au concessionnaire une véritable subvention sous la forme d'une remise de 50 0/0 sur les droits de douane applicables aux marchandises qu'il introduira dans la colonie. »

Comme les autres impôts, les droits de douanes ne peuvent être établis ou modifiés que par le pouvoir législatif, et, par conséquent, aucune modification de tarif ne peut être valable en dehors d'une loi (2). C'est un principe constant (3), mais il y a été apporté de nombreuses exceptions.

(1) Sénat, séance du 5 avril 1895, *Journ. Off.* du 6, p. 375.
(2) Cassation, 19 février 1884, D. P. 84.1.332.
(3) Toutefois le sénatus-consulte du 25 décembre 1852, interprétant et modifiant la constitution du 14 janvier de la même année, disposait dans son article 3 que les traités de commerce faits en vertu de l'article 6 de la constitution auraient force de loi pour les modifications de tarifs qui y seraient stipulées. Le sénatus-consulte du 8 septembre 1869 revint au principe en décidant (art. 10) que les modifications apportées à l'avenir à des tarifs de douanes ou de

Dans certains cas déterminés, le gouvernement peut, en vertu d'une délégation du pouvoir législatif, prendre certaines mesures par voie de décrets, soit à titre définitif, soit à titre provisoire et sous réserve de la ratification des Chambres.

Voyons d'abord les cas où, le gouvernement pouvant agir de sa propre autorité, ses décrets sont définitifs.

Il est permis par voie de décret de :

1° Déterminer la forme des déclarations à faire à la douane (loi du 7 mai 1881, art. 5) ;

2° Déterminer les bureaux ouverts au transit ou à l'importation et l'exportation de certaines marchandises (lois des 5 juillet 1836, art. 4 ; — 14 juillet 1860, art. 9 ; — 16 mai 1863, art. 22 ; — 21 juillet 1881, art. 25) ;

3° Modifier les tares légales dont jouissent les marchandises qui acquittent les droits sur le produit net (loi du 6 mai 1841, art. 19) ;

4° Autoriser l'établissement d'entrepôts réels dans les villes qui en font la demande et qui remplissent les conditions réglementaires (loi du 27 février 1832, art. 1ᵉʳ) ;

5° Déterminer, pour les marchandises admises au transit, les conditions et formalités qui doivent être remplies en ce qui concerne les déclarations, la nature et la forme des récipients ou emballages, le plombage,

postes par des traités internationaux ne seraient obligatoires qu'en vertu d'une loi.

l'estampillage et le prélèvement d'échantillons (loi du 16 mai 1863, art. 18) ;

6° Régler les mesures à prendre pour concilier l'exploitation des chemins de fer avec l'application des lois et règlements sur les douanes (loi du 15 juillet 1840, art. 25) ;

7° Déterminer, suivant la population des lieux compris dans le rayon des 4 lieues frontières dans lequel s'exerce la surveillance des préposés, les communes où il est permis de recevoir et de réexpédier des marchandises prohibées ou assimilées, ou dont l'admission n'est permise que par certains bureaux ;

8° Régler ce qui a rapport soit à l'établissement des fabriques dans le rayon frontière, soit à la surveillance des magasins où leurs produits sont déposés (loi du 28 avril 1816, art. 37) ;

9° Prescrire les mesures de police propres à empêcher la fraude que les établissements ruraux situés dans les deux kilomètres 1/2 de frontière la plus rapprochée de l'étranger, pourraient favoriser relativement aux bestiaux (loi du 27 juillet 1822, art. 10) ;

10° Dispenser du plombage les marchandises expédiées par cabotage et les marchandises dirigées sur les entrepôts de l'intérieur (loi du 2 juillet 1836, art. 20) ;

11° Modifier les méthodes de jaugeage (loi du 5 juillet 1836, art. 6) ;

12° Modifier dans les limites de durée fixées par la loi du 22 août 1791, sur la demande expresse des cham-

bres de commerce les heures d'ouverture ou de fermeture des bureaux (loi du 14 juin 1850) ;

13° Interdire l'entrée ou la sortie du territoire aux
animaux atteints de maladie contagieuse ou provenant
de pays où ces maladies règnent (loi du 21 juillet 1881,
art. 26 et 29) ;

14° Prescrire les mesures propres à arrêter les progrès du phylloxéra ou du doryphora (loi du 15 juillet
1878, art. 1 et 6) ;

15° Interdire l'exportation des armes, pièces d'armes
et munitions de guerre de toute espèce (loi du 13 avril
1895, art. 2) ;

16° Déterminer les produits étrangers qu'il y a lieu
de soumettre à une tarification spéciale à l'entrée des
colonies soumises au tableau E (loi du 11 janvier 1892,
art. 3, § 4);

17° Accorder des exemptions et des réductions de
droits à l'importation en France de certains produits
des colonies exclues du tableau E (loi du 11 janvier
1892, art. 3, § 2);

18° Appliquer, en tout ou en partie, le tarif minimum
aux produits ou marchandises originaires des pays qui,
bénéficiant actuellement du tarif conventionnel, consentent à appliquer aux marchandises françaises le traite-
ment de la nation la plus favorisée. Cette concession ne
peut être accordée que sous la réserve par le gouvernement français d'en faire cesser les effets en notifiant

cette intention douze mois à l'avance (loi du 29 décembre 1891, art. 2) (1).

Il y a d'autres mesures que le gouvernement peut prendre également par décret, mais à condition de les soumettre à la sanction du pouvoir législatif (2).

1° L'article 34 de la loi du 17 décembre 1814 (3) confère au gouvernement le droit de suspendre l'importation, de diminuer les droits sur les matières premières nécessaires aux manufactures, et enfin de suspendre l'exportation des produits du sol et des matières premières de l'industrie nationale. *Ces dispositions doivent être présentées aux Chambres en forme de projet de loi avant la fin de leur session, si elles sont assemblées, ou à leur session la plus prochaine, dans le cas contraire* ;

2° La loi du 26 juin 1835 (art. 2 et 3) permet de déterminer par décret les produits du sol et des fabriques de la Corse admissibles sur le continent en exemption de droits, ainsi que la forme et les conditions des justifications d'origine à fournir aux douanes de la Corse pour obtenir l'expédition de ces produits. *Ces décrets doivent être convertis en lois dans la plus prochaine session du pouvoir législatif* ;

(1) Avant la loi du 11 janvier 1892 (art. 13) et depuis la loi du 5 juillet 1836 (art. 5), le gouvernement accordait ou refusait l'admission temporaire. Ce droit est aujourd'hui exercé par le parlement à l'exception de trois cas.

(2) Sous ce dernier rapport, on remarquera que la latitude laissée au gouvernement varie suivant les lois.

(3) Modifiée par la loi du 15 juin 1861.

3° La loi du 3 juillet 1840 (art. 4) permet au gouvernement de modifier les droits perçus à l'importation des sucres, *à charge de soumettre ses décisions aux Chambres dans leur plus prochaine session* ;

4° *Sous réserve de la conversion en lois et de l'approbation du pouvoir législatif dans le délai d'une année*, des décrets peuvent modifier le régime applicable à l'importation en Algérie des produits compris dans le tableau annexé à la loi du 17 juillet 1867, modifiée par la loi du 19 mars 1875 (loi du 17 juillet 1867, art. 8 et loi du 29 décembre 1884, art. 10) ;

5° La loi du 7 avril 1897, sur le régime des sucres, permet au gouvernement, *en l'absence des Chambres et sous réserve de la ratification par une loi*, de prendre par décret les mêmes mesures que prennent les pays producteurs de sucre et de betterave en supprimant ou en abaissant les primes d'exportation (art. 11);

6° En vertu de cette même loi, dans le cas où le montant des primes allouées pendant une campagne excède le produit des taxes de fabrication et de raffinage, le taux des primes doit être, pour la campagne suivante, ramené au chiffre nécessaire pour couvrir le Trésor de son avance, *par décret rendu en conseil des ministres et présenté en forme de projet de loi aux Chambres, avant la fin de leur session si elles sont assemblées, ou à la session prochaine si elles ne sont pas assemblées* (art. 12);

7° La loi du 29 mars 1887 permet au gouvernement,

dans des circonstances exceptionnelles et *en l'absence des Chambres*, de suspendre en tout ou en partie le droit sur les céréales, *cette mesure devant être soumise à la ratification du Corps législatif aussitôt les Chambres réunies* ;

8° La loi du 11 janvier 1892 permet au gouvernement d'appliquer des surtaxes ou le régime de la prohibition à tout ou partie des marchandises originaires des pays qui appliqueraient des surtaxes ou le régime de la prohibition à des marchandises françaises, *à charge toutefois de soumettre ces mesures à la ratification des Chambres immédiatement si elles sont réunies, sinon, dès l'ouverture de la session suivante* (art. 8).

9° La loi du 13 décembre 1897, en ce qui concerne les droits de douane sur les céréales ou leurs dérivés, les vins, les bestiaux ou viandes fraîches, dispose que tout projet de loi présenté par le gouvernement et tendant à un relèvement de droits, doit être suivi d'un décret en ordonnant l'exécution immédiate.

Dans tous les cas où le pouvoir exécutif peut, par un décret, apporter une modification quelconque aux tarifs de douane, sous réserve qu'une loi concomitante consacrera les dispositions prises, on est en présence du « cadenas » à l'examen duquel nous sommes ainsi amené.

Dans une première partie que nous pourrions appeler théorique, nous étudierons successivement :

La définition, l'origine et l'objet de cette institution, chapitre I ;

Sa justification, chapitre II ;

Et les objections qui ont été dirigées contre elle, chapitre III.

Les législations étrangères feront l'objet du chapitre IV.

La seconde partie sera consacrée à la législation française ; celle-ci est assez compliquée ; elle a subi en 1897 un remaniement important dont la date nous servira à diviser notre étude. Nous examinerons successivement :

La législation antérieure à la loi du 13 décembre 1897, chapitre V ;

La loi du 13 décembre 1897, chapitre VI ;

Ses conséquences pratiques, chapitre VII.

Les conclusions seront développées dans le chapitre VIII.

CHAPITRE PREMIER

On peut définir le cadenas : le droit exceptionnel qui appartient au gouvernement, soit d'une manière absolue, soit dans certaines hypothèses, de mettre à exécution une loi d'impôt, avant qu'elle ne soit votée et sous la réserve de la ratification des Chambres (1).

Dans la pratique, on entend par cadenas l'exécution anticipée et provisoire, en vertu d'un décret, des projets de loi portant modification aux *tarifs douaniers*. Le projet de loi doit être soumis dans un délai rapproché à la sanction du pouvoir législatif, et, s'il est repoussé, les droits perçus sont remboursés ou restent acquis au Trésor suivant les législations.

Cette application anticipée des modifications douanières peut se concevoir pour les relèvements comme pour les abaissements de droits, quoique la première hypothèse soit de beaucoup la plus fréquente.

La dénomination de « cadenas », donnée à cette institution, nous vient de l'Italie, où elle est mise en pratique assez fréquemment et s'appelle le « catenaccio ». C'est sans doute ce qui a fait penser qu'elle était origi-

(1) M. Wahl, à son cours.

naire de ce pays (1), alors qu'elle est née en France où elle est presque aussi ancienne que le régime constitutionnel.

Il n'y a pas qu'en France et en Italie que cette pratique est en usage, elle existe également en Angleterre, en Belgique, en Allemagne, en Suisse, en Suède, mais sous un autre nom.

C'est avec raison, croyons-nous, car tout le monde s'accorde pour trouver l'expression « cadenas » très malheureuse.

D'abord, comme on l'a dit, « cela sonne mal aux oreilles, cela sent le verrou de prison, on croit entendre un bruit de ferrailles, un bruit de chaînes (2) ». Il a été facile aux adversaires d'une institution qui porte un nom si fâcheux, de jeter le discrédit sur elle et de la présenter comme un « moyen violent d'oppression de la masse au profit d'une minorité privilégiée », ou comme un « instrument de torture permettant d'étrangler les gens sans leur laisser le temps de crier », ou encore comme une « sorte de machine infernale, imaginée pour faire disparaître ce qui reste de commerce ». De plus les plaisanteries étaient faciles, et elles n'ont pas manqué à la « nouvelle pièce de serrurerie protec-

(1) V. notamment M. Beauregard, *Le cadenas* (*Monde économique*, 30 novembre 1895); M. Ch. Gruet, Chambre, séance du 11 juin 1897, *Journ. off.* du 12, p. 1465.

(2) M. Renault-Morlière, rapporteur de la loi du 13 décembre 1897, Chambre, séance du 11 juin 1897, *Journ. off.* du 12, p. 1458.

tionniste », comme les détracteurs du cadenas l'ont spirituellement appelé.

Il est un autre reproche à faire à celui qui baptisa cette institution : l'expression « cadenas » suppose une fermeture ou une demi-fermeture des guichets de la douane devant l'invasion des marchandises étrangères ; or, comme nous l'avons déjà dit, la suppression ou l'abaissement des tarifs douaniers sont également impliqués par cette expression, et, dans ce cas, celle-ci ne se comprend plus du tout.

Quoi qu'il en soit de l'étiquette, l'institution du cadenas est assez générale, mais elle est encore mal connue en France. L'attention ne s'est portée sur elle que depuis peu d'années, malgré qu'elle soit fort ancienne dans notre pays et très intéressante à connaître.

CHAPITRE II

La raison d'être et la justification du cadenas se trouvent dans les inconvénients que présente la compétence exclusivement législative en matière fiscale. Ces inconvénients sont la conséquence du laps de temps assez long qui s'écoule entre le dépôt d'un projet de loi et sa conversion en loi.

En effet, la procédure législative, telle qu'elle résulte de nos lois constitutionnelles complétées par les règlements des Chambres et les usages parlementaires, est assez compliquée et entraîne des lenteurs.

Les projets de loi et les propositions de loi qui, après rapport de la *commission d'initiative* ont été *prises en considération* ou qui ont été dispensées de cette formalité, sont renvoyés aux bureaux entre lesquels les membres de la Chambre sont répartis, chaque mois, par voie de tirage au sort (1). Après une discussion sommaire, chaque bureau élit un commissaire ou un même

(1) Le gouvernement peut encore soumettre les projets de loi à l'examen du Conseil d'Etat et c'est un usage fréquent. Les Chambres ont également ce droit pour les propositions de loi qui leur sont présentées (loi du 24 mai 1872, art. 8). En pratique l'intervention du Conseil d'Etat est assez rare pour les projets d'initiative parlementaire.

nombre de commissaires. La commission est en général formée de onze membres (un par bureau). Cette commission ainsi formée étudie le texte du projet ou de la proposition de loi et charge un de ses membres de faire son rapport à l'assemblée. Les projets ou propositions de loi donnent lieu ensuite à plusieurs votes successifs : d'abord s'ouvre une discussion générale qui porte sur le principe de la loi et qui est suivie d'un vote pour le passage à la discussion des articles. Les articles donnent ensuite lieu à une nouvelle délibération suivie d'un nouveau vote. Enfin l'ensemble de la loi fait l'objet d'un vote spécial et définitif.

Les mêmes règles sont observées dans l'autre Chambre. Il arrive de plus, assez fréquemment, qu'un dissentiment survient entre les deux Assemblées, soit sur le principe d'une loi, soit sur ses détails, soit sur sa rédaction, et qu'alors le projet fait « la navette » d'une Chambre à l'autre jusqu'à ce qu'on ait adopté de part et d'autre un texte identique.

Quand enfin la loi est votée, on s'aperçoit souvent que les intéressés ont pris leurs précautions et que la loi restera plus ou moins longtemps inappliquée.

Si nous nous occupons d'abord des *impôts directs*, nous ne voyons pas que l'inconvénient que nous venons de signaler puisse se produire. Si, en effet, il est question devant les Chambres d'une aggravation de l'impôt foncier ou de l'impôt des patentes, il ne sera guère facile aux contribuables visés de mettre à profit les

lenteurs de la procédure législative pour se soustraire
en tout ou en partie aux taxations nouvelles. Néanmoins
cela peut se produire pour un impôt direct : l'impôt
sur les valeurs de bourse, et l'on sait que cet impôt
fournit chaque année au Trésor des ressources considérables. Lorsque, les porteurs se sentent menacés
par une aggravation d'impôt, ils s'empressent d'alié-
ner leurs titres avant le vote de la loi. C'est ce que l'expérience a constaté à propos de la loi du 28 avril 1893 qui
créait une taxe sur les opérations de bourse. Comme le
projet de loi avait été déposé six mois auparavant (en
octobre 1892), les porteurs mirent ce laps de temps à
profit pour échapper à ses atteintes. C'est ce qu'on a
encore constaté à une époque plus rapprochée de nous,
quand on a élevé l'impôt sur les valeurs mobilières
étrangères.

Mais c'est surtout en matière *d'impôts indirects* que
la procédure parlementaire présente des inconvénients.
En effet, la plupart des taxes indirectes sont perçues
lors de la production d'une denrée ; quand un projet de
loi est déposé, qui vise une augmentation de tarif, la
production s'active, de manière à soustraire la plus
grande quantité possible de marchandises aux nouvelles taxes (1). Il en résulte que, pendant un temps plus
ou moins long, le fisc ne profite pas de l'élévation des

(1) C'est ce qu'on a particulièrement constaté en 1871 et 1872,
quand les besoins du Trésor amenèrent la création de nombreuses
taxes indirectes.

taxes ou de la création des taxes nouvelles et doit attendre l'écoulement des stocks avant de voir la loi atteindre son but. C'est là un inconvénient d'autant plus grand que les impôts sur les objets de consommation constituent une source fort importante de revenus, et que ces impôts sont majorés à des époques où les besoins du Trésor sont pressants.

Il faut ajouter à cela que les consommateurs ne profitent pas de cette situation. Après l'élévation des tarifs, les producteurs ou les intermédiaires livrent leurs marchandises à un prix majoré des nouveaux droits, sans faire de différence entre les produits qui ont réellement subi l'application des tarifs et ceux qui y ont échappé. Il faudrait supposer chez ces négociants, pour qu'il en fût autrement, une conscience bien exigeante ! C'est d'ailleurs l'application pure et simple d'une loi bien connue en économie politique, que Stanley Jevons a appelée *loi d'indifférence* et qui peut se formuler ainsi: *sur un même marché il n'y a qu'un même prix pour des marchandises de même qualité.*

Observons enfin que cette surproduction aboutit fatalement à un arrêt dans la production, après le vote de la loi, très préjudiciable aux ouvriers.

Les modifications aux tarifs douaniers prêtent particulièrement à ces manœuvres parce qu'ici les moyens d'action ne sont pas limités.

Sitôt qu'il est question d'établir des droits sur certains produits entrant jusque-là en franchise ou d'aug-

menter les droits sur certains produits déjà frappés,
les intéressés prennent leurs précautions pour échapper dans la mesure la plus large possible aux nouvelles
taxes. Les importations affluent, les marchandises entreposées sont nationalisées et les cargaisons flottantes
à ordre prennent la direction de nos ports. Quand la
loi est votée, soustraits à ses atteintes pour un temps
plus ou moins long, ces importateurs avisés écoulent
leurs marchandises achetées sous les tarifs anciens
comme si elles avaient supporté les droits nouveaux et
réalisent un bénéfice égal à la majoration de prix pro-
voquée par les nouvelles taxes. Il en résulte que la loi
est paralysée dans ses effets et manque son but jusqu'à
ce que la consommation ait absorbé les stocks énormes
de marchandises jetés ainsi par la spéculation sur le
marché (1).

Les inconvénients d'une compétence exclusivement
législative en matière financière (2) sont particulièrement graves, quand il s'agit de lois douanières. En
voici les raisons.

Quand il s'agit de contributions indirectes établies à
l'intérieur d'un pays, si ces manœuvres se produisent,

(1) On remarquera que la France, par sa situation géographique,
se prête singulièrement à ces spéculations.

(2) On a dit, à ce sujet, que le meilleur des cadenas était « de ne
pas perdre de temps » et de « tout terminer en une quinzaine ».
En supposant qu'il fût possible de procéder aussi rapidement, ce ne
serait, en tout cas, qu'un cadenas à demi efficace. Voir Lalouvet,
Le cadenas, Réforme économique, 1894, p. 1288.

c'est l'*industrie nationale* qui en profite, tandis que s'il s'agit de droits de douane, c'est l'*industrie étrangère* qui en recueille le bénéfice.

De plus les contributions indirectes établies à l'intérieur ont un objet purement fiscal ; si des spéculations en retardent l'application, le Trésor sera frustré et sera obligé de chercher ailleurs les ressources qui lui manquent, mais il n'y aura pas d'autre conséquence. Au contraire, les droits de douane n'ont pas seulement pour objet de procurer des recettes au Trésor, ils ont aussi pour but, du moins dans les pays protectionnistes, de favoriser la production indigène contre la concurrence étrangère par des tarifs plus ou moins élevés. Or quand les spéculations, dont nous avons parlé, se produisent, il s'ensuit que les lois relevant ou établissant des tarifs douaniers, c'est-à-dire protecteurs, manquent leur but pendant un temps variable suivant l'importance des masses de produits surimportées. Bien mieux, elles ont voulu protéger l'industrie nationale, et il se trouve que celle-ci, pendant ce laps de temps, se trouve aux prises avec une concurrence désastreuse que lui font ces importations excessives et l'avilissement des prix qui souvent en résulte.

En outre, les lois douanières sont parfois nécessitées par des circonstances momentanées. Par exemple, si, en France, la récolte de blé est, une année, particulièrement abondante, on songera à élever les droits de douane frappant les blés étrangers à leur entrée, de manière à assurer aux cultivateurs un débouché à leurs produits et à les mettre à l'abri de la concurrence étrangère. Si l'on n'y prend garde, cette loi risquera de produire son effet à une époque où les événements qui l'avaient nécessitée auront disparu, pour faire place, peut-être, à une situation opposée, dans l'espèce, à une mauvaise récolte. « Il est de principe, disait déjà un orateur de la Restauration (1), en matière de douanes, que la législation prenne pour base les avantages du commerce, de l'industrie et des manufactures. Pour bien remplir cet objet immuable, et pour être constamment en harmonie avec celle des autres peuples, il faut qu'elle en suive les changements. *Telle disposition aujourd'hui importante et heureusement combinée, peut devenir mauvaise d'excellente qu'elle était avant que les rapports eussent changé.* »

L'observation des faits confirme les déductions de la théorie.

Les importations en vins s'élevaient en 1890 à 10.831.454 hectolitres. En 1891, alors qu'on agitait la question d'une élévation de nos tarifs douaniers, les importations montèrent à 12.280.658 hectolitres, pour retomber l'année suivante à 9.282.901 hectolitres.

La loi du 6 avril 1897, dans le but de protéger les viticulteurs français contre les vins falsifiés, a élevé sur les raisins secs, importés de Grèce et de Turquie, les

____

(1) M. Chantereyne, séance de la Chambre du 26 novembre 1814, *Moniteur* du 27, p. 1334.

droits de douane établis par la loi du 17 juillet 1889 et déjà relevés en 1892 et 1894, de manière à en faire une taxe prohibitive.

Cette loi a attendu un an avant de produire son effet, parce que, le projet datant de plus d'une année, les importateurs avaient eu le temps de prendre leurs précautions.

L'exemple que nous offrent les droits frappant les blés étrangers est absolument probant.

Jusqu'en 1885, aucun droit ne frappait les blés, il y avait seulement un droit de statistique de 0 fr. 60. La loi du 28 mars 1885 établit un droit de 3 francs par quintal, mais comme le projet avait été déposé au mois d'octobre 1884, les spéculateurs purent à loisir forcer les importations pour éluder la nouvelle taxe. On s'en convaincra facilement par la lecture du tableau suivant (1) :

Importations (en quintaux).

	1884	1885	1886
Janvier.	724.000	1.152.635	428.000
Février.	740.000	1.135.000	675.000
Mars.	514.000	755.000	493.000

Le résultat fut le suivant: plus d'un an après sa promulgation, la loi du 28 mars 1885 n'avait encore produit aucun effet, et, en 1886, à la séance de la

(1) Nous avons emprunté ces chiffres et les suivants au discours de M. A. Castelin, Chambre, séance du 11 juin 1897, *Journ. off.* du 12, p. 1468 et 1469.

Chambre du 26 juin, alors qu'on proposait de relever le droit à 5 francs, M. Borie (1) disait : « Avant de proclamer que la loi n'a pas produit d'effet parce que les taxes n'étaient pas assez élevées, il serait sage d'examiner si d'autres causes que celle-là ne pourraient pas être invoquées. Pourquoi ne pas rechercher le motif dans ce fait que, la récolte de la France ayant été suffisante pour sa consommation, les prix du blé ne sont pas élevés ; *et puis n'avez-vous pas à épuiser le stock considérable de blés étrangers constitué avant la promulgation de la loi de 1885, c'est-à-dire avant d'être frappé des droits ?* »

Dans la même circonstance, M. Develle, ministre de l'agriculture disait également : « Vous n'ignorez pas la longue période qui s'est écoulée depuis le moment où l'ancienne Assemblée avait marqué ses intentions de relever les taxes douanières et celui où a été votée la loi de mars 1885, *cette longue période*, dis-je, *a favorisé la spéculation. D'immenses cargaisons ont été dirigées sur nos marchés et elles pèsent encore, à l'heure actuelle, sur les cours, à ce point que les droits que nous avons votés n'ont produit aucun effet.* »

Ces importations excessives eurent encore pour conséquence de déprimer les cours, d'autant plus que la récolte du blé en 1885 fut bonne, si bien que, dans le courant de l'année qui suivit la promulgation de la loi, le prix du blé tomba de 1 fr. 25 au quintal.

(1) Chambre, séance du 26 juin 1886, *Journ. off*. du 27, p. 1212.

La loi du 29 mars 1887 éleva à 5 francs le droit de
3 francs établi par la loi du 28 mars 1885. Elle eut les
mêmes résultats : importations en masse et baisse des
cours.

Importations (hectol.).

	1886	1887	1888
Janvier	428.000	787.000	657.000
Février	675.000	1.486.000	591.000
Mars	493.000	655.000	655.000

Le droit fut ramené temporairement à 3 francs par
la loi du 2 juillet 1891 et le droit de 5 francs ne fut
rétabli que le 1er juin 1892, conformément à la loi du
11 janvier 1892. Les importateurs mirent à profit ces
remaniements douaniers, et, pendant les deux années
de 1891 et 1892, on importa plus de 38 millions de
quintaux. Aussi, vers la fin de l'année 1893, de nombreuses propositions furent déposées, tendant à relever
le droit de 5 francs.

La question avait été à peine évoquée dans la Presse
et au Parlement, que la spéculation, mise en éveil,
commença à agir. On remarqua immédiatement un
mouvement inusité dans les ports d'importation et ces
manœuvres s'accentuèrent encore quand fut déposé
par le gouvernement, le 30 janvier 1894, un projet de
loi portant relèvement des tarifs. La direction du Commerce intérieur fut informée qu'en prévision du nouveau droit sur les blés, il se produisait des arrivages
énormes de céréales étrangères en Algérie, provenant

des ports de la Mer Noire, et que nos ports attendaient aussi des cargaisons considérables de l'Amérique (1).

La loi fut votée le 27 février, or, pendant les deux mois précédents, les importations furent de 4.700.000 quintaux, tandis qu'elles n'atteignaient que 1.593.000 quintaux pendant la période correspondante de 1893 et seulement 1.800.000 pendant la période correspondante de 1895.

Aussi le prix du blé qui était de 20 fr. 60 au mois de février 1894 était tombé six mois après à 18 fr. 50.

Ainsi donc, grâce aux règles compliquées exigées pour la formation des lois, les lois douanières manquent leur but et se retournent contre ceux qu'elles ont pour objet de protéger (2).

En outre, le Trésor est frustré de sommes qui peuvent être très importantes, et c'est une considération fort appréciable, à une heure surtout où les dépenses publiques prennent un développement de plus en plus

(1) Voy. le discours de M. A. Castelin, Chambre, séance du 12 février 1894, *Journ. off.* du 13, p. 195 et 196.

(2) Les manœuvres que nous venons de signaler ne sont naturellement pas spéciales à notre pays. Voici le fait qu'enregistrait, avec une satisfaction non déguisée, un organe libre-échangiste, lors de la réforme protectionniste de 1897 aux Etats-Unis. Il disait en parlant de la discussion de cette réforme au Sénat américain : « Le résultat sera même, pour le moment, assez maigre pour les protégés, le pays ayant, en vue du tarif, fait de grands approvisionnements : il a, par exemple, importé de la laine brute pour une année, et, en même temps, des lainages suffisants pour la même période. Le résultat le plus notable pour le moment sera de pousser les pays étrangers à des représailles. » Voy. le *Monde économique*, numéro du 31 juillet 1897.

considérable, qui n'est pas en rapport avec celui de la richesse nationale.

A la fin de la discussion au Sénat de cette loi du 27 février 1894, dont nous venons de parler, le Rapporteur disait (1) : « Ce qui est essentiel, c'est d'arrêter immédiatement, demain si on le peut, l'invasion des blés qui pèsent sur notre marché.

« Au moment où je vous parle, chaque jour arrivent en France 50.000 quintaux de blé. Ces 50.000 quintaux, avec le droit majoré de 2 francs, donneraient 100.000 francs de recettes de plus ; chaque jour de retard qui s'écoule fait donc perdre 100.000 francs au Trésor.

« Eh bien, le Trésor n'est pas dans une situation telle que nous puissions de gaieté de cœur prolonger cette situation. »

Il y a donc un puissant intérêt à corriger les lenteurs de la procédure parlementaire et à empêcher les spéculations internationales qui détruisent l'effet de nos lois douanières, au détriment de nos industries nationales et du Trésor. Telle est la justification du cadenas qui consiste à rendre par décret les modifications douanières *immédiatement* applicables, sous la réserve de la ratification du pouvoir législatif. Grâce à cette application anticipée des tarifs, personne ne peut plus échapper au nouvel impôt par les approvisionnements de la

(1) Sénat, séance du 27 février 1894, *Journ. off.* du 28, p. 194.

dernière heure que nous avons signalés, et les lois protectrices sont par là même efficaces.

La justification est plus difficile pour ce qui regarde la faculté donnée au gouvernement par le pouvoir législatif d'*abaisser* provisoirement, et sous réserve de l'approbation des Chambres, les droits de douane.

Il se produit pourtant des circonstances où il est urgent d'abaisser ou de supprimer les barrières douanières élevées à l'entrée de certaines marchandises.

Si, par exemple, une année, la récolte est mauvaise et une denrée indispensable menace de manquer ou d'atteindre des prix trop élevés, il sera nécessaire de suspendre ou d'abaisser les droits, surtout si le déficit a atteint la plupart des pays producteurs, afin d'attirer les produits étrangers et d'éviter les prix de famine. C'est ce qu'une circonstance récente a démontré.

De même encore, si une guerre éclate au moment de la moisson, ou au moment des semailles, il pourra y avoir nécessité d'autoriser l'introduction en franchise des marchandises étrangères.

Les insuffisances de récoltes ou d'approvisionnements donnent souvent lieu à une panique, et il ne suffit pas, pour l'enrayer, de déposer un projet de loi abaissant ou supprimant les barrières douanières à l'entrée des marchandises en déficit. Un tel procédé augmente les craintes ou les fait naître. Lorsqu'en effet, il y a une loi de ce genre en préparation, les importateurs, à l'inverse de ce que nous avons constaté

quand il s'agit d'élever les taxes, attendent le vote de
la loi et sa mise en vigueur, avant d'effectuer leurs
entrées, de manière à faire profiter leurs cargaisons de
l'abaissement ou de la suspension des droits. Il en résulte un ralentissement, voire même un arrêt, dans les
importations, qui a pour résultat immédiat de réduire
la quantité des offres, et, par voie de conséquence,
d'accroître l'affolement de la consommation.

S'il appartient au législateur seul de prendre l'initiative de la suspension ou de l'abaissement des droits,
ces mesures arriveront donc souvent trop tard, à cause
des lenteurs de la formation des lois. En outre, quand
les Chambres ne seront pas en session, il sera impossible de leur demander d'agir, or c'est pendant les vacances que sont connus et appréciés les résultats des
récoltes.

Il est donc indispensable, en cette double éventualité, de donner au gouvernement le pouvoir de prendre
provisoirement les déterminations nécessitées par certaines circonstances exceptionnelles.

La stabilité est assurément nécessaire à une nation
pour prospérer, c'est une vérité d'expérience aussi
fondée sur le terrain commercial que sur le terrain politique, mais les tarifs de douane ne doivent pas pour
cela rester immuables. Les lois douanières établies pour
défendre l'agriculture, le commerce et l'industrie doivent varier comme varient les intérêts qu'elles ont

mission de protéger, comme aussi elles doivent parfois céder devant l'intérêt public. Or tel est le but du cadenas : adapter utilement les lois aux circonstances, c'est pourquoi il est utile de mettre cette arme aux mains du gouvernement.

CHAPITRE III

Malgré les raisons d'ordre le plus élevé qui justifient
le cadenas, cette institution a rencontré beaucoup d'adversaires. Les objections qu'on lui oppose sont, soit du
du domaine du droit, soit du domaine de la pratique,
et c'est successivement sous ces deux points de vue que
nous les envisagerons.

On reproche tout d'abord au cadenas d'être contraire
aux principes du droit public. Les droits de douane,
dit-on, sont des impôts, or les impôts ne peuvent être
établis ou modifiés qu'en vertu d'une décision du Parlement, et si vous conférez au pouvoir exécutif le droit
de modifier les tarifs douaniers, vous violez le principe
de la séparation des pouvoirs (1).

Il est exact que le cadenas constitue une dérogation
importante au principe du vote des impôts par les représentants des contribuables, mais il est des nécessités
devant lesquelles les principes doivent céder pour faire
place à l'intérêt public. *Salus populi suprema lex esto.*

(1) Voy. Discours de M. Gallois, Chambre, séance du 26 novembre
1814, *Moniteur* du 27, p. 1333. M. Charles Roux, *Le Cadenas* (*Revue
des Deux-Mondes*, juin 1894). M. Beauregard, *Le Cadenas* (*Monde économique*, 30 novembre 1895).

La règle du consentement préalable est assurément un point dominant du droit public et un attribut précieux de la souveraineté nationale, mais elle doit s'incliner devant la part des spéculations dans les souffrances de l'agriculture qui fait des lois de cadenas, comme on l'a fort bien dit, des lois de défense et de salut public.

Le principe que les impôts doivent être fixés par les représentants des contribuables est inscrit dans toutes les constitutions modernes, et dans la plupart des pays on a senti la nécessité de corriger les lenteurs de la procédure législative et d'assurer aux lois douanières leur efficacité. Nous voyons le cadenas fonctionner notamment en Angleterre, pays par excellence du parlementarisme et qui plus est du libre-échange, en Allemagne, en Belgique, en Suède et en Suisse.

Par cela même que le cadenas déroge au principe du vote de l'impôt, le gouvernement ne peut en faire usage qu'en vertu d'un texte formel qui lui concède ce droit. Cette opinion n'est pas contestée chez nous, mais il est des gouvernements qui ont prétendu ainsi modifier provisoirement les impôts, sans y être autorisés par aucune loi (1).

(1) Voici ce que dit à ce sujet M. R. Dalla-Volta : « En Italie, on a perverti ce système (le cadenas), et cela a été rendu possible par une dégradation véritable du système parlementaire, parce qu'il n'y a aucune loi, aucune disposition relative à cette exception au principe général que les impôts, qu'il s'agisse d'augmenter les impôts déjà existants ou d'en créer de nouveaux, doivent être consentis

Pour justifier cette conduite, on a fait valoir qu'en apportant ces modifications fiscales, sous la condition d'obtenir l'assentiment du Corps législatif, le pouvoir exécutif ne sortait pas du cercle de ses attributions régulières, parce qu'il ne faisait ainsi qu'exécuter par avance une loi future et qu'en cas de refus par les Chambres d'accorder leur ratification, ce refus emportait annulation du décret provisoire.

A supposer cette argumentation exacte, elle ne pourrait s'appliquer qu'aux pays où la non-approbation par le Parlement des dispositions provisoires prises par décret a un effet rétroactif, c'est-à-dire entraîne la restitution des impôts perçus en vertu de ce décret. Or il se trouve précisément qu'en Italie où on a élevé cette injustifiable prétention d'user du cadenas sans loi expresse, le principe du remboursement n'est pas admis.

Il est incontestable que la restitution des droits, en cas de non-approbation par le législateur, atténue considérablement la dérogation à la règle du vote de l'impôt puisque la décision des Chambres annule le décret du

par le pouvoir législatif. » Et il ajoute : « En Italie, le gouvernement a eu le tort, trop souvent, d'augmenter les droits de douane avant la convocation du Parlement ou dans la période des vacances en un mot bien des jours avant que le Parlement pût s'en occuper et délibérer sur la question. De la sorte, il se trouvait toujours en présence d'un fait accompli depuis plusieurs jours. La violation du *Statuto* était donc indiscutable. » R. Dalla-Volta, *Des modifications provisoires des impôts sans le consentement préalable du pouvoir législatif en Italie. Le Catenaccio* (*Revue du droit public et de la science politique*, nᵒ 1, janvier-février 1894).

gouvernement même pour le passé, mais, même quand
on admet ce principe, les décrets ont néanmoins pour
objet de modifier temporairement, jusqu'au vote de la
loi, la législation fiscale en vigueur, et ces modifications
aux impôts, si provisoires qu'elles soient, ne peuvent
être légitimes qu'en présence d'un texte.

Les objections d'ordre pratique qu'on a opposées à
l'application provisoire des droits de douane par décret
sont basées sur diverses considérations : sur le principe
de la fixité des impôts, sur l'intérêt du commerce extérieur, sur le remboursement éventuel des droits perçus,
et enfin sur les résultats négatifs du cadenas.

En ce qui concerne la fixité du régime fiscal, on dit
que le cadenas aggrave l'incertitude du régime économique, et, en généralisant l'indécision et la menace, ne
tend à rien moins qu'à empêcher les transactions commerciales (1).

Il faut observer que le *but* du cadenas est d'assurer
l'efficacité des changements de tarifs, mais non de les
rendre plus fréquents. On peut dire que, par cette institution, les modifications douanières sont seulement
avancées, car il est bien rare que les droits mis provisoirement en application ne soient pas votés par les
Chambres. Le gouvernement n'a, en effet, aucun intérêt
personnel à user de cette mesure, surtout si les droits

____

(1) Voy. M. Charles Roux (*Revue des Deux-Mondes*, juin 1894).

sont remboursés ; il assume, au contraire, une grande
responsabilité (1) et il court un risque, puisque le refus
par le pouvoir législatif de l'approuver entraînera vrai-
semblablement sa retraite (2). Dans ces conditions, il
ne prend l'initiative d'un décret de cadenas que rarement et presque toujours avec l'approbation du législateur.

Les intéressés peuvent donc considérer avec une
quasi-certitude les droits provisoires comme définitifs,
et il est juste de dire que le cadenas ne modifie guère
la stabilité des impôts. L'inconvénient qui résulte du
caractère provisoire des taxes mises ainsi en vigueur
est d'autant plus atténué que les Chambres statuent
plus vite, et c'est pourquoi on a parfois proposé de rendre obligatoire la discussion immédiate (3).

On peut d'ailleurs se demander s'il est permis d'invoquer contre le cadenas le principe de la fixité des
impôts, à une époque où les tarifs douaniers sont l'objet de continuels remaniements. On a vu, par exemple,
dans le chapitre précédent, les changements successifs
apportés aux tarifs sur le blé, mais en dehors des mo-

____

(1) Cela est si vrai qu'on a prétendu, lors de la discussion de la
loi de 1897, que cette loi resterait sans objet parce qu'aucun ministre ne serait assez audacieux pour l'appliquer. Voy. plus loin.

(2) Crispi dut démissionner le 30 janvier 1891, à la suite du refus
d'approbation d'un « catenaccio » par le parlement italien.

(3) Voy. Chambre, séance du 2 juillet 1897, *Journ. off.* du 3,
p. 1789. Amendement de M. Jumel ; Chambre, séance du 2 juillet
1897, *Journ. off.* du 3, p. 1792. Amendement de M. Charles Roux,
Id. séance du 9, *Journ. off.* du 10, p. 1790.

difications consacrées par les lois, il est déposé sans cesse des propositions douanières qui ne sont pas toutes adoptées, sans doute, mais qui. jusqu'à leur discussion, n'en suscitent pas moins des craintes naturelles dans les branches du commerce ou de l'industrie, visées par elles (1).

On fait une objection plus sérieuse au cadenas en invoquant contre lui l'intérêt du commerce extérieur et en lui opposant la situation des commerçants qui font des marchés à terme.

En effet, les minotiers, pour prendre un exemple fréquent, vendent à livrer pour assurer d'avance un débouché à leurs farines, mais ils achètent pareillement leurs blés à livrer ; de même les soumissionnaires de la marine, de l'armée, d es services pénitentiaires. des lycées, de l'assistance publique, passent des marchés pour douze mois, mais achètent pour la même période. Or il est généralement admis dans les transactions internationales que les droits de douane sont à la charge du vendeur ; d'autre part, la jurisprudence a jugé que l'élévation des droits de douane entre la signature du marché à livrer et la date de la livraison ne constitue pas pour le vendeur un motif suffisant pour résilier le contrat (2) — en effet l'exécution du contrat est rendue

---

(1) Voy. à ce sujet le discours de M. Charles Roux, séance de la Chambre du 8 juin 1897, *Journ. off*. du 19, p. 1506.
(2) Paris, 2 juin 1874, D. P. 74.2.172.

plus onéreuse mais non impossible — et qu'en conséquence le marché doit être exécuté à peine de domma-
ges-intérêts envers l'acheteur. On en conclut que les
négociants étrangers, craignant toujours de voir une
application du cadenas déjouer leurs prévisions et les
mettre en perte, ne traiteraient plus nos nationaux sur
le même pied que les autres acheteurs et leur impose-
raient des conditions plus onéreuses.

On ajoute que le cadenas mettrait les fournisseurs de
l'État et des grandes administrations dans l'impossibilité de soumissionner, parce qu'ayant traité d'après les
tarifs en vigueur, ils seraient exposés à exécuter leurs
marchés à des conditions tout autres que celles qu'ils
avaient prévues (1).

En ce qui concerne les marchés à livrer, il est facile
aux négociants étrangers d'insérer dans leurs contrats
une clause aux termes de laquelle l'élévation des droits
de douane, en cas de majoration des tarifs avant la
date de la livraison, sera à la charge de l'acheteur, et
c'est une clause que l'instabilité des tarifs douaniers a
rendue presque générale.

(1) M. Charles Roux, Chambre, séances des 11 et 18 juin 1897,
Journ. off. des 12 et 19, p. 1470 et 1564 et dans un article paru dans
la *Revue des Deux-Mondes* (juin 1894), *Le Cadenas.* Voy. dans le même
sens M. Beauregard, *Le Cadenas, Monde économique* (30 novembre
1895). M. F. Bernard, *Revue encyclopédique*, 1897, p. 578.

En sens contraire : M. Graux, Président de la commission des
douanes, Chambre, séance du 18 juin, *Journ. off.* du 19, p. 1564 et s.
M. Méline, Chambre, séance du 2 juillet, *Journ. off.* du 3, p. 1782.
M. Wahl, *Le protectionnisme et ses nouvelles manifestations. Revue du
droit public et de la science politique* (novembre-décembre 1897).

De même dans les marchés avec les établissements publics on peut insérer la même clause, et c'est une pratique en usage pour les droits d'octroi (1).

Le cadenas n'est donc pas, comme on l'a dit, la mort du marché à terme.

Les changements de tarifs apportés par les lois ont les mêmes inconvénients — au moins pour les marchés à longue échéance — et si alors les commerçants échappent en partie aux charges nouvelles, c'est grâce aux règles longues et compliquées exigées pour la formation des lois et qu'il paraît difficile aux commerçants d'invoquer commme un droit. C'est ce que M. Renault-Morlière (2) a fait justement remarquer en ces termes : « Que réclamez-vous donc en vous opposant au cadenas ? Vous voulez conserver le bénéfice des lenteurs de la procédure parlementaire. Est-ce là un droit acquis ? Quelqu'un peut-il dire : lorsque vous élèverez un droit de douane, j'ai droit à ce que vous me laissiez un temps déterminé pour prendre mes précautions afin d'échapper au relèvement du tarif ? Est-ce là un droit acquis pour qui que ce soit ? Non ! Vous ne pouvez pas dire que je vous spolie d'une manière odieuse ; non ! je vous enlève une faculté, et une faculté qui ne constitue certes pas un droit acquis. »

Au surplus, c'est surtout pour les blés qu'on a invo-

(1) Conseil d'État, 15 novembre 1889.
(2) Chambre, séance du 11 juin 1897, *Journ. off.* du 12, p. 1465. Comp. M. Graux, Chambre, séance du 18 juin 1897, *Journ. off.* du 19, p. 1570.

qué les inconvénients que pourrait présenter le cadenas pour les marchés à terme, or, s'il s'agit du commerce d'exportation, l'admission temporaire le met à couvert, et, s'il s'agit du commerce intérieur, la production est telle qu'elle lui permet de faire de moins en moins appel à l'étranger (1).

Une autre difficulté qu'on a opposée au cadenas est celle-ci : si le décret est repoussé par les Chambres ou approuvé seulement en partie, *quid* des droits provisoirement perçus ? Si rare que doive être le rejet du projet de loi appliqué par anticipation, il faut néanmoins prévoir cette hypothèse et déterminer quelles seront ses conséquences. Ces droits seront-ils remboursés, ou, au contraire, tomberont-ils dans le Trésor, soit purement et simplement, soit pour être affectés à telle ou telle destination qu'il aura plu d'avance au législateur de leur donner ?

Il est tout d'abord évident que le remboursement seul satisfait à l'équité, « car le Trésor ne saurait conserver sans injustice des droits perçus en vertu d'une décision annulée par la seule autorité compétente pour l'apprécier (2) ». Autant vaudrait prétendre que le

---

(1) On a proposé de décider qu'en matière de céréales, le cadenas ne s'appliquerait pas aux marchés en cours ayant date certaine. L'admission de cette exemption entraînerait des fraudes. Voy. Chambre, séance du 2 juillet 1897, *Journ. off.* du 3, p. 1793 ; amendement de M. Siegfried et séance du 9 juillet 1897, *Journ. off.* du 10, p. 1916, amendement de M. Carnaud.

(2) M. Wahl, article déjà cité.

C. — 4

gouvernement peut lever des taxes de sa propreautorité !

En outre cette solution est seule conforme aux principes de notre droit constitutionnel (1).

Enfin le gouvernement ne pouvant rien encaisser sans la ratification législative ne sera pas tenté d'abuser du cadenas, dans un intérêt fiscal, et de « battre monnaie avec les droits de douane », et, en présence des complications de comptabilité entraînées par le refus d'approbation, il ne prendra l'initiative de cette mesure que quand il sera assuré d'être suivi par les Chambres (2).

Mais immédiatement se pose la question de savoir à qui se fera la restitution et c'est ici un des côtés les plus vivement discutés du cadenas. Il semblerait pourtant qu'une disposition conforme à la justice, au droit constitutionnel, ayant pour effet de rendre rares les applications d'une institution tant redoutée par ses adversaires, aurait dû être admise par tout le monde, et pourtant les objections ne lui ont pas manqué, tant il est vrai, qu'en cette matière, tout prête à la controverse.

La loi française, du moins celle du 13 décembre 1897, puisque les autres sont muettes sur la destination des droits provisoirement perçus, répond que la restitution se fera aux *déclarants* : ce sont eux qui ont ac-

----

(1) Voy. *supra*.

(2) Voy. Discours de M. Méline, Chambre, séance du 2 juillet 1897, *Journ. off.* du 3, p. 1783.

quitté les droits sujets à restitution, et ce sont d'ailleurs les seuls qui soient connus de la douane (1).

Mais on objecte immédiatement : les importateurs ne conservent pas leurs marchandises indéfiniment en magasin. Si on suppose un importateur de blé, si le cadenas a été mis à la douane avant l'arrivée de ses cargaisons, il aura vendu aux minotiers sa marchandise à un prix majoré des droits de douane nouvellement établis ; le blé pourra ainsi avoir passé par les mains de plusieurs intermédiaires avant que ne s'opère la restitution, et alors, dit-on, vous remboursez au déclarant un droit qu'il a déjà recouvré sur d'autres.

La restitution, ne fût-elle pas faite au véritable ayant droit, serait toujours préférable, au point de vue des principes, à une perception définitive. Mais on pourra facilement remédier à cet inconvénient en exigeant de son vendeur le reçu de la douane qui circulera de la main à la main, accompagnant les marchandises auxquelles il se rapporte, tout comme l'acquit à caution accompagne le blé en admission temporaire. De cette façon le droit sera restitué au dernier porteur, c'est-à-dire au véritable ayant droit (2).

(1) Ajoutons qu'il en est ainsi également pour le remboursement des droits d'octroi. En voici un exemple récent : A la fin de 1896, la municipalité de Reims avait voté de nouvelles taxes d'octroi qui furent perçues à partir du 1er janvier. Le 23 janvier, un arrêt du Conseil d'Etat refusa l'autorisation nécessaire, et les sommes perçues pendant ces 23 jours durent être restituées aux déclarants (environ 5000 fr.) (Voy. discours de M. Mirman, Chambre, séance du 9 juillet 1897, *Journ. off.* du 10, p. 1907).

(2) Voy. sur la question du remboursement et la situation des

On présente aussitôt une autre difficulté : quand la marchandise aura été livrée à la consommation, est-ce aux consommateurs que les droits seront remboursés ? Comment les retrouvera-t-on ? N'auront-ils pas payé leur pain plus cher sans qu'il leur soit rien restitué ?

Il est hors de doute qu'on ne remboursera pas aux consommateurs, mais, outre que cette circonstance du remboursement n'est susceptible de se produire que très rarement, on peut se demander si le consommateur sera véritablement lésé.

Dans un pays où le cadenas n'existe pas, quelle est la situation du consommateur ? tout dépôt de projet de loi relevant les droits de douane est suivi d'une majoration de prix des marchandises visées, que subit le consommateur et dont bénéficie l'intermédiaire *qui effectue toujours ses entrées sous l'ancien régime.*

Au contraire, supposons que le cadenas fonctionne. Un projet de loi semblable au précédent est déposé, avant son dépôt ou immédiatement après, le cadenas a été mis à la douane et les droits ont été perçus. Il s'ensuit nécessairement une majoration de prix, comme dans l'hypothèse précédente, d'ailleurs, mais, à la différence de ce qui s'est produit tout à l'heure, l'importateur acquitte effectivement le droit qu'il fait payer. Ici la différence entre les deux prix, ancien et nouveau, est encaissée par le *Trésor* au lieu de l'être par les im-

consommateurs, discours de MM. Graux et Viger, Ch., séances des 18 et 25 juin, *Journ. off.* des 19 et 26, p. 1569 et 1678.

portateurs. Si, le projet du gouvernement n'étant pas approuvé par les Chambres, il y a lieu à restitution, on se trouve simplement replacé dans l'hypothèse précédente : l'intermédiaire, bénéficiant du montant du droit qu'il n'a pas payé lui-même mais qu'il a recouvré sur le consommateur.

La justice est satisfaite, le consommateur n'est pas plus lésé dans un cas que dans l'autre, et il reste que le spéculateur profitera souvent et indûment des surtaxes, en l'absence du cadenas, et n'en profitera au contraire que très rarement quand cette institution sera admise (1).

Il faut en outre observer que l'inconvénient signalé n'est susceptible de se produire que pour les marchandises importées et vendues entre l'application du cadenas et la discussion du projet de loi. Il est au pouvoir des Chambres de corriger beaucoup ce défaut en discutant le plus tôt possible le relèvement de tarif et leur intervention immédiate est encore ici désirable.

On a encore présenté sur cette question du remboursement deux objections de détail.

On prévoit d'abord que la restitution des sommes perçues par la douane demandera des formalités fort longues et que les intéressés devront, par conséquent, attendre de longs mois avant d'être remboursés. Il naîtra, de ce chef, dit-on, des réclamations sans nombre

(1) Voy. en outre discours de M. Viger, Chambre, séance du 25 juin 1897, *Journ. off.* du 26, p. 1678.

de la part des déclarants, pressés de rentrer dans leurs fonds (1).

Il est facile de répondre que ces réclamations et ces lenteurs, en supposant qu'elles se produisent, seront toujours préférables, pour les déclarants, à un encaissement pur et simple par le Trésor.

En outre, il y a des exemples de remboursement. En Angleterre, en 1885, on a dû restituer des droits perçus pendant quatre mois sur les bières, par application du cadenas, et cette restitution s'est faite normalement.

On a encore prévu cette circonstance peu probable où le Parlement, ne considérant pas le droit proposé par le gouvernement et provisoirement perçu comme suffisant, élèverait ce droit, par exemple pour les blés, de 2 francs à 3 ou 4 francs. En ce cas, dit-on « où l'administration pourra-t-elle aller se reprendre des sommes qu'elle n'aura pas perçues » ?

Dans cette éventualité, les spéculations pourront sans doute se produire pendant les discussions des Chambres, et le cadenas aura manqué *en partie* son but, mais rien de plus. Cette situation n'est-elle pas préférable à celle qui aurait existé sans une application provisoire des droits prévus par le projet ?

Au surplus, cette objection ne se retourne-t-elle pas contre les adversaires du cadenas, et ne prouve-t-elle pas l'utilité de l'institution qu'ils combattent ?

(1) M. Charles Roux, *Encore le cadenas* (*Revue politique et parlementaire*, juillet 1897).

Certains, tout en rejetant en principe la perception définitive, n'admettent pas le remboursement aux déclarants et proposent d'affecter le trop perçu à des œuvres d'assistance. Touchés par ce fait que la restitution ne se fera pas toujours entre les mains de ceux qui auront payé le droit, ils proposent de laisser ces sommes à la disposition de l'État avec obligation pour lui, de les consacrer à des œuvres d'assistance ou de solidarité déterminées d'avance par le législateur ou fixées par lui, le cas échéant (1).

La restitution, si elle est faite, doit l'être à celui qui a provisoirement acquitté les droits et que le rejet de la loi fait rentrer dans ses fonds, tout comme son adoption l'en eût définitivement dessaisi. La combinaison qu'on propose aboutit, quand on la serre de près, à un non-remboursement déguisé.

Après avoir essayé de démontrer que le cadenas est dangereux, ses adversaires s'efforcent de prouver qu'il est inutile.

Le cadenas, dit-on, ne peut donner de résultats pratiques, des indiscrétions seront forcément commises et les spéculations se produiront, aussi actives qu'auparavant, avec cette différence qu'elles ne seront plus accessibles qu'à quelques privilégiés. Sans la procédure du cadenas, tous les intéressés sont avertis par les dis-

(1) Voy. Chambre, séance du 9 juillet 1897, *Journ. off.* du 10, p. 1905. Amendement de M. Mirman.

cussions du Parlement et de la Presse, mais si on laisse le gouvernement maître de relever d'un coup les tarifs, il n'en sera plus de même. Cette mesure ne sera jamais appliquée sans que le secret soit dévoilé et sans que certaines personnes intéressées n'en soient rapidement prévenues ; on n'aura pas évité la spéculation, mais on l'aura rendue plus immorale (1).

On peut répondre à cette argumentation qu'il est singulier, pour combattre une institution, de supposer que les hommes d'État, qui seront chargés de la mettre en pratique, trahiront leur devoir. A raisonner de la sorte, il n'y a plus d'institution possible, parce qu'on pourra toujours supposer de la part des gouvernants des défaillances coupables. Dire qu'une loi restera sans effet, par la faute ou la complicité de ceux précisément chargés de la faire respecter, est bien hardi et c'est faire peu d'honneur à la nature humaine.

Ce n'est pas à dire que les spéculateurs ne parviendront jamais à percer les intentions du gouvernement, d'autant plus que les changements dans la législation douanière sont nécessités par des considérations d'ordre économique qui pourront ne pas échapper aux yeux exercés. Mais quand les spéculateurs auront surpris les décisions du gouvernement, le temps dont ils disposeront sera bien limité, en comparaison de celui que leur

(1) M. Gruet et M. Charles Roux, Chambre, Séance du 11 juin 1887, *Journ. off.* du 12, p. 1466. Voy. en outre M. Charles Roux, *Encore le cadenas* (*Revue politique et parlementaire*, juillet 1897).

réservent les lenteurs de la procédure parlementaire. Les importations ne pourront pas produire tout l'effet que déterminent les stocks énormes, introduits en l'absence d'application immédiate des relèvements de tarifs.

L'expérience nous apprend d'ailleurs que, même dans les pays où le cadenas est le plus mal pratiqué, il arrive qu'il produit tout son effet et que les spéculateurs devancés par cette mesure n'ont pas le temps de prendre leurs précautions. C'est ce que nous verrons pour l'Italie.

Les adversaires du cadenas nous disent enfin : à quoi bon des lois de cadenas, puisqu'on ne trouvera jamais un ministre pour les mettre en vigueur ? Quel est donc le ministre soucieux de son honneur qui oserait se servir d'une prérogative aussi exorbitante, d'une arme aussi dangereuse ? Celui qui aurait une pareille audace ne serait-il pas voué à d'injurieux soupçons ? Ne l'accuserait-on pas toujours d'avoir servi l'intérêt de quelques importateurs amis ou généreux, au détriment de la masse des négociants ?

Nous avons déjà expliqué que, dans les pays où l'institution comporte des garanties sérieuses, les ministres ne prendront une telle initiative qu'avec la quasi-certitude d'être approuvés par le Parlement, et quand celui-ci les aura approuvés, nous ne voyons pas de quel scandale l'opinion publique pourra bien entourer un ministre que ses propres représentants auront couvert de leur assentiment.

D'ailleurs, comme nous le verrons dans le prochain chapitre, le cadenas est appliqué dans différents pays étrangers, et il est pratiqué en France depuis longtemps, sans qu'il soit résulté rien d'injurieux pour la mémoire des ministres qui en ont pris la résolution.

Dans nos institutions, il ne faut pas rechercher le mieux, mais le moins mal. Comme on l'a fort bien dit, « chaque chose a ses désavantages, et s'il fallait renoncer à une mesure parce qu'elle présente des inconvénients, on n'en prendrait jamais aucune. On doit, en toutes choses, examiner les avantages et les inconvénients ; si ces derniers l'emportent, il faut rejeter la mesure ; si ce sont les avantages, il n'y a qu'à l'adopter hardiment. C'est dans la décision que se montre l'esprit politique (1). »

(1) **M.** Bernard Lavergne, Chambre, séance du 12 mars 1887, *Journ. off.* du 13, p. 691.

CHAPITRE IV

Parmi les pays étrangers où le principe du cadenas est reconnu, les uns admettent la restitution des droits perçus, si les Chambres refusent leur sanction, les autres considèrent que la décision du Parlement n'a pas d'effet rétroactif, et que le produit des taxes est définitivement acquis au Trésor. C'est à ce point de vue que nous nous placerons pour étudier les législations étrangères. Nous rangerons dans une 1re section l'*Angleterre* et la *Suède* qui admettent la restitution et, dans une 2e section, l'*Allemagne*, la *Belgique*, l'*Italie* et la *Suisse* qui n'admettent pas le remboursement.

I. — Pays qui admettent la restitution.

§ 1. — Angleterre.

Depuis le *Bill des droits* signé en 1688, on ne conteste plus au Parlement le droit d'autoriser les recettes et les dépenses publiques. Néanmoins le budget tout entier n'est pas remis en question tous les ans. Il se divise en deux parties : l'une, appelée *fonds consolidé (consolidated fund)* comprend un certain nombre de dépenses et de recettes qui, à cause de leur caractère de permanence ou de nécessité, ont été votées une fois pour toutes ; l'autre partie, au contraire, fait l'objet d'un vote annuel.

Le cadenas fonctionne régulièrement en Angleterre (1). Quand le gouvernement veut relever un droit de douane, le *Chancelier de l'Echiquier*, de sa propre autorité, donne l'ordre aux agents de la douane d'appliquer le nouveau tarif, dès le lendemain, à l'ouverture des bureaux. En même temps, il se rend à la Chambre des communes avec un projet de résolution qu'il lui soumet. Celle-ci se constitue en comité (*committee*), composé de tous ceux qui, par leur profession, leurs connaissances ou leurs aptitudes sont compétents pour la discussion qui va s'ouvrir. On sait que pour la formation de ce comité, il suffit d'une simple motion de la Chambre, ainsi conçue : « Que le Président (*Speaker*) quitte son fauteuil. » Aussitôt après le *Speaker* place sous la table la *masse* et quitte le fauteuil où il est remplacé par un autre président désigné par ses collègues et qui a nom de *Chairman*. La discussion, sans autre interruption, commence, pratique et peu solennelle, composée plutôt de conversations d'hommes d'affaires que de grands discours (2). Les conclusions adoptées,

(1) Voy. Discours de M. Renault-Morlière, Chambre, séance du 11 juin 1897, *Journ. off.* du 12, p. 1460 et de M. Graux, séance du 18 juin 1897, *Journ. off.* du 19, p. 1568.

(2) Chaque membre peut notamment prendre la parole plusieurs fois sur le même sujet, ce qui n'est pas permis en séance plénière.

le *Chairman* les résume en un rapport verbal devant la Chambre constituée de nouveau en séance générale, sous la présidence du *Speaker*. C'est ainsi donc que la Chambre des communes se constitue en comité, quand le Chancelier de l'Echiquier présente son projet de résolution : en comité des subsides, pour les douanes et en comité de finances pour les autres questions financières. En pratique, la Chambre des communes accorde sans examen son approbation au Chancelier et il n'y a pas d'exemple qu'elle ait refusé son assentiment. Au cas où ce refus se produirait, le Chancelier donnerait immédiatement contre-ordre à ses agents, et les droits qui pourraient déjà avoir été perçus seraient remboursés. Du reste cette approbation ne préjuge en rien le fond et l'assemblée ne se croit pas liée par elle, quand elle se livre à la discussion approfondie du projet de résolution. Cela est si vrai qu'en 1885, un projet de résolution augmentant le droit sur les bières n'ayant pas été approuvé par la Chambre des communes, il a fallu rembourser la taxe qui avait été provisoirement perçue pendant 4 mois.

On a encore fait usage du cadenas en 1888 pour les vins importés en bouteilles. Voici, à ce sujet, le commandement qui fut envoyé, sur l'ordre du Chancelier de l'Echiquier, M. Goschen, par la direction des douanes (*Board of Commissioners*) à ses agents, le 26 mars 1888 :
« Le *Board* vous prescrit de donner effet, dès la date de réception du présent ordre, aux modifications sui-

vantes du tarif des vins, conformément à la résolution qui sera proposée par le Chancelier de l'Echiquier à la Chambre des communes, cette nuit (1), savoir : en plus du droit actuellement dû sur le vin, lorsque le vin est importé en bouteilles, les droits suivants doivent être levés. Sur chaque douzaine de bouteilles de vin, en bouteilles d'une impérial pint ou d'une capacité moindre, 0,2 s. 6 d. ; en bouteilles contenant plus d'une pint et pas plus d'un impérial quart, 0,5 s. 0 d. ; en bouteilles d'une capacité supérieure au quart, une augmentation de droit proportionnelle à la capacité. Ces taux seront appliqués à tous les vins qui, ayant été importés en bouteilles ou pouvant être ultérieurement importés en bouteilles, sont déclarés pour la consommation le 27 courant ou ultérieurement. »

Les vins ont encore fait l'objet d'une application du cadenas plus récente en Angleterre ; elle date du mois d'avril dernier (2).

Le budget étant en déficit (3) pour 1900, le Chancelier de l'Echiquier, Sir Michaël Hicks-Beach, a décidé, pour rétablir l'équilibre, de suspendre en partie l'amor-

---

(1) On sait, en effet, que la Chambre des communes siège la nuit (de 4 heures du soir à 1 ou 2 heures du matin) sauf toutefois le mercredi où elle siège l'après-midi. La Chambre des Lords tient ses séances également la nuit.

(2) Voy. l'*Economiste français*, numéro du 13 mai 1899 : *L'élévation des droits d'entrée sur les vins en Angleterre*.

(3) Les recettes prévues ne dépassaient pas 110.287.000 livres sterling contre 112.927.000 livres sterling de dépenses, soit un déficit de 2.640.000 livres sterling.

tissement et d'imposer de nouvelles charges au marché
financier et au marché des vins.

Il a proposé cette réforme au Parlement et le lendemain de sa déclaration les nouvelles taxes sur les vins
ont été appliquées.

Les droits, à l'époque où est intervenue cette mesure,
étaient les suivants :

1 shilling par *gallon* (4 litres 54) sur le vin ne dépassant pas 30° ;

2 sh. 6 pence par gallon sur le vin entre 31° et 42° ;

2 sh. par gallon de surtaxe sur les vins mousseux.

Le tarif a été ainsi modifié :

1 sh. 6 pence par gallon sur le vin ne dépassant pas
30° ;

3 sh. par gallon sur le vin de 31° à 42° ;

2 sh. 6 pence par gallon de surtaxe sur les vins mousseux ;

3 sh. par gallon de taxe totale sur les vins non mousseux importés en bouteilles (1).

« *Jusqu'au dernier moment*, dit le *Temps* (2), *le secret
des propositions* de sir Michaël Hicks Beach *a été admi-
rablement* gardé. Tout le monde savait, à n'en pas dou-
ter, que de nouveaux impôts se préparaient. Le seul
renseignement qu'on ait eu jusqu'à hier soir, à Lon-

---

(1) On a estimé que ces surtaxes augmenteraient de 420.000 livres
sterling les recettes produites annuellement par les droits de douane
sur les vins.

(2) Numéro du 15 avril 1899.

dres, sur leur véritable nature, c'est que ces impôts ne porteraient pas sur les objets de première nécessité, mais sur des consommations de luxe. *Cependant comme on croyait possible un impôt sur le tabac, d'énormes importations de cet article avaient eu lieu depuis quelques jours. Or le tabac n'est pas imposé.* »

Les nouveaux droits sur les vins ont suscité des deux côtés de la Manche une très vive agitation. En Angleterre, les protestations ont été nombreuses, et en France le commerce s'est légitimement ému de la sévérité des nouveaux tarifs. L'importation des vins en Angleterre s'élève, en effet, à 6.500.000 livres sterling, or la France en fournit pour 3.500.000 dont 2 millions et demi de Champagne, tandis que les colonies anglaises n'en importent que pour 115.000 livres, l'Allemagne 350.000 livres, l'Espagne et le Portugal 2 millions de livres (1).

En raison des réclamations soulevées en Angleterre par l'application de ces nouveaux impôts, on avait pensé un instant qu'ils ne seraient pas ratifiés, mais ils ont été approuvés par le Parlement avec quelques modifications.

Il convient de remarquer qu'en Angleterre, le cadenas ne présente qu'un intérêt *fiscal*, car ce pays est resté fidèle au libre-échange. Les droits de douane frappent seulement un petit nombre d'articles et ont pour la

____

(1) *Le Temps*, numéro du 16 avril 1899.

plupart un caractère purement fiscal ; le tarif douanier
atteint le tabac, le thé, le café, le cacao ou chocolat, la
chicorée, les cartes à jouer, les fruits secs, les eaux-de-
vie, les vins, la bière et certains produits fabriqués avec
de l'alcool.

Tel est le régime du cadenas en Angleterre ; c'est ce
système, comme nous le verrons, que le législateur
français a voulu imiter dans la loi du 13 décembre 1897.

§ 2. — Suède.

L'article 57 de la Constitution du 6 juin 1809 dispose
que « le droit immémorial du peuple suédois de s'imposer lui-même sera exercé par le Riksdag seul », l'article 60 ajoute qu' « aucun impôt général, quels qu'en
soient le nom et la nature, ne pourra être augmenté
sans le consentement du Riksdag, *à l'exception des
droits à l'entrée et à la sortie des céréales* ».

Le pouvoir exécutif a fait plusieurs fois usage de cette
prérogative constitutionnelle. En 1894, notamment,
les droits sur les blés ont été relevés par une simple
ordonnance royale du 6 janvier, et cette mesure a été
efficace. Le Parlement a adopté peu de temps après le
projet de loi mis provisoirement à exécution.

Voici des détails donnés au sujet de cette application
du cadenas par un de nos agents. « Cette mesure a été
prise par simple décret, en vertu du paragraphe 60 de
la Constitution de 1809, qui excepte « les droits de
douane sur les grains » des impositions publiques obli-

gatoirement soumises au vote des États du royaume.
Les motifs pour lesquels le pouvoir exécutif a usé d'une
prérogative qu'il n'exerce que très rarement sont au
nombre de deux : en premier lieu, le gouvernement a
voulu donner satisfaction à la masse des cultivateurs
très atteints par la baisse des cours, sans avoir à subir
des exigences peut-être exagérées de leurs représentants
au Parlement ; en second lieu, les auteurs du décret du
6 janvier ont voulu assurer l'efficacité de la mesure
destinée au relèvement des cours des céréales en dé-
jouant les calculs des spéculateurs qui, avant qu'une
loi restrictive eût été votée par le Parlement, n'auraient
pas manqué de faire entrer en Suède des quantités de
grains considérables. Les spéculateurs se sont plaints,
assurément, mais les agriculteurs se sont félicités de la
mesure prise par le gouvernement suédois (1). »

II. — Pays qui n'admettent pas la restitution.

§ 1. — Allemagne.

Aux termes de l'article 1er de la loi d'Empire du
18 mai 1895 « les articles provenant de pays qui trai-
tent les navires allemands ou les marchandises d'origine allemande moins favorablement que celles d'autres
pays peuvent être frappés d'une surtaxe allant jusqu'à
100 p. 100 du droit d'entrée ordinaire, pour autant que

____

(1) Emprunté au discours de M. Viger, Chambre, séance du
25 juin 1897, *Journ. off.* du 26, p. 1678.

les conventions ne s'y opposent pas. Les articles que le
tarif admet en franchise pourront, dans les mêmes conditions, être frappés d'une taxe allant jusqu'à 20 p. 100
ad valorem. Le prélèvement de cette surtaxe, ou res-
pectivement de cette taxe, est décrété par ordonnance
impériale, de l'assentiment du conseil fédéral. Cette
ordonnance est soumise sur le champ au Reichstag, ou,
s'il n'est pas réuni, dans sa session la plus proche. Elle
est abrogée si le Reichstag n'y donne pas son assentiment (1) ».

L'objet de cette loi est le même que celui de l'article 8 de notre loi sur le tarif général du 11 janvier 1892.
On remarquera que la loi allemande, comme la loi française, est muette sur la destination du trop perçu en
cas de refus d'approbation par le pouvoir législatif. Le
texte est formel, il dit de l'ordonnance qu'elle est
« *abrogée*, si le Reichstag n'y donne pas son assentiment » ; ces dispositions sont donc de véritables décrets-
lois et la délégation donnée au gouvernement, une
véritable délégation du pouvoir législatif.

La sanction des Chambres est exigée par le législateur allemand, comme par le législateur français, immédiatement si elles sont réunies, sinon dès l'ouverture de
leur session suivante.

§ 2. — Belgique.

La loi du 21 mars 1846 « accorde au roi la faculté

(1) Chambre, *Documents parlementaires*, 1896, p. 1310.

d'assimiler les marchandises non dénommées à celles avec lesquelles elles présentent le plus d'analogie et dont elles suivent le régime pour l'application des droits. Ces arrêtés d'assimilation doivent être soumis à l'approbation des Chambres, avant la fin de la session suivante ; ils ont effet jusqu'à la décision du pouvoir législatif. Le gouvernement est, en outre, autorisé : 1° à établir des surtaxes dans certains cas déterminés ; 2° à soumettre à des droits plus élevés ou à prohiber à l'entrée les objets de toute nature qui proviennent des pays où les produits de l'industrie belge se trouvent prohibés ou fortement imposés. Ces arrêtés doivent être soumis à l'approbation des Chambres avant la fin de la session si elles sont réunies, sinon, à la session suivante. Ils ont effet jusqu'à la décision du pouvoir législatif (1). »

L'article 8 de la loi du 11 janvier 1892 que nous avons déjà comparée avec la loi allemande du 18 mai 1895 est la reproduction presque fidèle de la dernière partie du texte de la loi belge précitée. On observera qu'à la différence de la loi allemande, les pouvoirs du gouvernement ne sont pas limités quant à la quotité de la surtaxe et peuvent aller jusqu'à la prohibition.

§ 3. — **Italie** (2).

L'article 30 du statut fondamental du 4 mars 1848

----

(1) Chambre, *Documents parlementaires*, 1896, p. 1310.

(2) Consulter l'article de M. R. Dalla-Volta, déjà cité (*Revue du droit public et de la science politique*, n° 1, janvier-février 1894).

est ainsi conçu : « Aucun impôt ne peut être établi ou perçu s'il n'a été consenti par les Chambres et sanctionné par le Roi. »

Il n'y a pas de loi qui permette au gouvernement de mettre provisoirement à exécution des lois d'impôt avant qu'elles ne soient votées par les Chambres, cependant quand on veut *créer* ou relever un droit de douane *ou un impôt*, un décret du Roi contresigné par un ministre prescrit de percevoir immédiatement ces taxes ; toutefois cette perception n'est que provisoire tant qu'elle n'a pas obtenu la sanction du Parlement.

Le cadenas, en Italie, à la différence des autres pays, est *général*, c'est-à-dire, s'applique à tous les impôts ; il est donc inspiré uniquement par des considérations fiscales et il se sépare par là profondément du système généralement adopté.

Il est hardi d'user d'une prérogative aussi exceptionnelle et aussi étendue, en l'absence d'un texte, dans un pays constitutionnel, surtout que les droits provisoirement perçus et non ratifiés ne sont pas remboursés, et dans ces conditions, la pratique du *catenaccio* apparaît comme très critiquable. M. R. Dalla-Volta l'apprécie en ces termes sévères : « Si on se place au point de vue du droit constitutionnel, on ne peut que blâmer l'usage fréquemment incorrect qu'on a fait en Italie du *catenaccio*. »

Le premier décret de cadenas date du 26 novembre 1885, il paraît que cette décision fut prise trop tard et quand les spéculateurs avaient déjà fait leur œuvre.

Il a été depuis fait fréquemment usage de la même mesure.

Le 30 janvier 1891, le parlement refusa son approbation et M. Crispi dut démissionner.

Les *catenacci* de 1894 ont eu un grand retentissement (1). Le 21 février, M. Crispi déposait à la Chambre des députés trois projets de loi concernant les finances. Le même jour la *Gazette officielle* publiait trois décrets royaux contresignés mettant immédiatement ces projets de loi en vigueur. Chaque décret se terminait par la clause suivante : « Le présent décret sortira ses effets à partir de ce jour et sera présenté au parlement pour être converti en loi. » Le 3e de ces décrets élevait de 5 à 7 lires le droit d'entrée des blés et en outre portait de 35 à 40 cent. par kilog le prix du sel, dont l'État a le monopole de vente, et de 10 à 40 cent. par litre le droit de vente sur les spiritueux. Comme on le voit, le décret relevant le droit sur le sel et celui relevant le droit de vente sur les spiritueux avaient un but purement fiscal.

Ces catenacci furent, paraît-il, très impopulaires et si nous en croyons M. Charles Roux (2), les négociants lésés nommèrent une commission de protestation qui

(1) Voy. discours de M. Viger, Chambre, séance du 25 juin 1897, *Journ. off.* du 26, p. 1678.

(2) Voy. Chambre, séance du 18 juin 1897, *Journ. off.* du 19, p. 1562.

décida « de faire parvenir au gouvernement par voie
légale une protestation formelle pour violation du statut du royaume qui prescrit à l'article 30 que « nul
tribut ne peut être imposé ou recouvré s'il n'a été consenti par la Chambre et sanctionné par le roi ».

D'après une revue italienne, *Il Commercio*, de
Trieste, l'institution n'est pas pratiquée avec la discré-
tion voulue, et, partant, manque son but. Voici, en
effet, un entrefilet de ce journal : « *Un nouveau catenaccio*. Suivant informations parvenues au ministère italien
des finances, les grands importateurs de produits coloniaux ont donné ordres pour de très fortes parties de
cafés, drogueries, pétroles, etc., en prévision d'un très
prochain *catenaccio* douanier. En fait, les dédouane-
ments aux douanes italiennes de ces produits sont déjà
en progrès.

« Comme on le voit, la spéculation n'est pas entravée
par la législation du cadenas. Elle commence plus tôt
sur des indiscrétions plus ou moins voulues de l'entou-
rage des ministres. On n'a donc rien empêché, mais on
a donné une prime aux combinaisons véreuses. On a
effrayé le commerce honnête qui ne spécule pas, qui
achète en même temps qu'il vend et qui, s'il s'engage
pour une année, doit être couvert de tous risques pour
la période de ses engagements (1). »

Ce jugement est sévère ; il est des « catenacci » qui

(1) Extrait du discours de M. Charles-Roux, précité.

ont été efficaces et qui ont mis obstacle aux spéculations (1). Un décret du 10 décembre 1894, notamment,
sur les sucres, envoyé à tous les bureaux de douane par.
voie télégraphique, et appliqué dès le 11, a mis en
vigueur les nouveaux droits sans que les importations
de sucre aient dépassé leur taux normal.

Tel est le cadenas en Italie où cette institution prête
à de nombreuses critiques, tant au point de vue de la
légalité que des applications qui en sont faites. En outre
la pratique italienne est discutable en ce qu'elle n'admet pas la restitution des droits perçus. En effet en
1891, lors du refus d'approbation par le Parlement qui
détermina la retraite du ministère Crispi, la question
fut posée et fut résolue par un encaissement définitif.
C'est là une des raisons des abus qui sont faits du « catenaccio ».

La raison du discrédit qui entoure le cadenas, dans
ce pays, nous paraît se trouver bien moins dans l'institution en elle-même que dans son manque de fondement
légal et dans la « déplorable application » qui en est faite.

§ 4. — Suisse.

L'article 35 de la loi fédérale sur les douanes suisses,
en date du 28 juin 1893, porte : « Le Conseil fédéral est
compétent pour augmenter, dans la mesure qu'il jugera
convenable, le taux du tarif des douanes, pour les mar-

______

(1) Voy. discours de M. Graux, Chambre, séance du 18 juin 1897,
Journ. off. du 19, p. 1568.

chandises provenant de pays avec lesquels la Suisse
n'est pas en relations de commerce sur le pied de la
nation la plus favorisée ou qui frappent les produits
suisses de droits particulièrement élevés. Le conseil
fédéral peut aussi, dans d'autres circonstances extraordinaires, et notamment en cas de disette, apporter
temporairement au tarif les changements qu'il jugera
opportuns. Dans les conditions indiquées aux alinéas 1
et 2, le Conseil fédéral peut, en outre, prendre telles
autres mesures qui lui paraîtront utiles. Il devra toutefois porter à la connaissance de l'assemblée fédérale,
à sa plus prochaine session, les dispositions de ce genre
qu'il aurait prises, et celles-ci ne peuvent être mainte-
nues que si l'assemblée fédérale les approuve (1). »

Les pouvoirs du Conseil fédéral sont donc très éten-
dus. La délégation conférée au pouvoir exécutif, en
France, par les lois du 11 janvier 1892 (art. 8) et du
29 mars 1887 (art. 1ᵉʳ, § 2 et 3) est plus restreinte.

(1) Chambre, *Documents parlementaires*, 1896, p. 1310.

CHAPITRE V

LÉGISLATION FRANÇAISE ANTÉRIEURE A LA LOI DU
13 DÉCEMBRE 1897.

Comme nous l'avons déjà dit, et malgré ce qu'en ont pensé beaucoup d'économistes, nous n'avons pas emprunté le cadenas à l'Italie en 1897.

A cette époque le législateur a seulement apporté au cadenas une réforme partielle que nous aurons à examiner.

Cette institution existe en effet chez nous depuis le début de ce siècle et la première loi de cadenas remonte au 29 floréal de l'an X.

Cette loi a précédé de trop près le Blocus continental pour ne pas penser qu'elle a été suscitée par des motifs particuliers, mais des considérations d'un autre ordre et d'un intérêt permanent l'ont aussi inspirée puisque nous trouvons le principe de ses dispositions reproduit dans des lois ultérieures jusqu'à nos jours.

C'est l'étude de cette législation qui fait l'objet du présent chapitre.

Loi du 29 floréal an **X**.

A la séance du Corps législatif (1) du 24 floréal, les conseillers d'État (2) Rœderer et Regnaud de Saint-Jean-d'Angély présentèrent au nom du gouvernement un projet de loi ainsi conçu :

Art. 1ᵉʳ. — Le gouvernement pourra provisoirement hausser ou baisser les taxes de douanes, établir ou défendre des entrepôts, prohiber ou permettre l'importation ou l'exportation de toutes marchandises, sous les peines de droit.

Art. 2. — Les modifications seront délibérées et arrêtées suivant les formes usitées pour les règlements d'administration publique. Elles seront présentées en forme de projet de loi au Corps législatif avant la fin de la session, s'il est assemblé, ou à sa session la plus prochaine, s'il ne l'est pas.

Le conseiller Rœderer, à l'appui de ce projet de loi,

(1) Corps législatif, séance du 24 floréal an X, *Moniteur* du 25, p. 960.

(2) Aux termes de la Constitution du 22 frimaire de l'an VIII, les lois, dont l'initiative était réservée au gouvernement, étaient préparées par le Conseil d'État. Le Corps législatif, quand il était saisi d'un projet de loi, le renvoyait devant le Tribunat et fixait le jour où il entendrait les orateurs du gouvernement et du Tribunat. Le Tribunat était divisé en 3 sections : législation, intérieur, finances. La section compétente *discutait* le projet de loi et désignait 2 de ses membres pour défendre son avis devant le Corps législatif, elle pouvait demander à délibérer avec la section correspondante du Conseil d'Etat. Au jour fixé, le Corps législatif entendait les orateurs du Tribunat et ceux du Conseil d'Etat et *votait*.

fit valoir que la loi proposée par le gouvernement, avait pour objet la « sûreté politique et commerciale de la France » et que les taxes de douanes étaient bien plus « un moyen de police commerciale et diplomatique » qu'un impôt. Il ajouta qu'il était dans l'intérêt essentiel du commerce que les tarifs pussent facilement et rapidement être mis en accord avec la situation du moment. « Comme impôts, dit-il, les taxes et douanes ne pourront être établies, supprimées ou modifiées que législativement ; comme police diplomatique et commerciale, il est nécessaire que le gouvernement puisse les modifier avec une promptitude égale à celle des circonstances qui peuvent rendre un changement nécessaire, souvent même avec secret et précaution. »

Le projet vint en discussion au Tribunat à la séance du 27 floréal (1). Chassiron, chargé du rapport par la section de l'Intérieur, rappela toute l'importance des droits de douane et de la lutte économique entre les États, chacun cherchant dans les tarifs douaniers des ressources pour ses finances et un encouragement à son commerce, son agriculture et son industrie. Il s'efforça ensuite de démontrer qu'en raison de cette lutte perpétuelle entre les peuples, sur le terrain des affaires, il était nécessaire de donner au gouvernement le moyen d'agir avec promptitude. « L'État qui délibérerait au lieu d'agir, dit-il, verrait infailliblement la faveur du commerce

____

(1) Tribunat, séance du 27 floréal, *Moniteur* du 28, p. 972.

passer en des mains étrangères. » Il fit en outre observer que cette prérogative réservée au gouvernement était sagement limitée et de plus, sans danger pour la chose publique, parce que le tarif douanier d'une nation est toujours « balancé » par celui des autres nations et trouve ainsi un frein qu'on ne peut éviter sans se détruire. Il ajouta que ce pouvoir du gouvernement était, en outre, « contenu par la liberté d'acheter ou de ne pas acheter la denrée assujettie aux droits », argument qui n'aurait eu de valeur que si la loi s'était appliquée seulement à des produits de luxe. Le projet fut adopté par le Tribunat, à la séance du 28 floréal.

Le 29 floréal (1), l'orateur du Tribunat, Chassiron, proposa au Corps législatif de sanctionner le projet et l'orateur du gouvernement, Regnaud de Saint-Jean-d'Angély, ajouta quelques observations à celles qui avaient déjà été faites par Rœderer, s'attachant surtout à démontrer que le projet ne donnait pas au gouvernement une extension de pouvoir, mais au contraire, tendait à limiter ce pouvoir et à le soumettre plus particulière au contrôle de l'autorité législative. Ce projet fut voté à une grande majorité.

On sait de quelle façon Napoléon a manié cette arme et nous n'étudierons pas sa lutte fameuse contre l'Angleterre. Elle rentre dans le domaine de l'histoire.

____

(1) Corps législatif, séance du 29 floréal, *Moniteur* du 30, p. 987.

Loi du 17 décembre 1814.

L'empire léguait à la Restauration une situation difficile. Placé entre le tarif modérément protectionniste de 1791 et le tarif prohibitif de la loi de brumaire an V, le baron Louis, ministre des finances, décida de laisser provisoirement subsister le régime des prohibitions. Il se contenta de soumettre aux Chambres, le 24 septembre 1814, un projet de loi destiné à subvenir aux mesures les plus urgentes. Dans le titre V de ce projet, le gouvernement de la Restauration demandait au parlement des pouvoirs semblables à ceux que conférait au pouvoir exécutif la loi du 29 floréal an X, c'est-à-dire des pouvoirs illimités et sans restrictions. Voici, en effet, le texte du projet présenté par le gouvernement, nous avons mis en regard le texte de la loi de l'an X, pour faciliter la comparaison.

Loi du 29 floréal an X.	*Projet présenté par le gouvernement.*
ART. 1er. — Le gouvernement pourra provisoirement hausser ou baisser les taxes des douanes, établir ou défendre des entrepôts, prohiber ou permettre l'importation ou l'exportation de toutes marchandises.	Des ordonnances du roi, délibérées suivant les formes usitées pour les règlements d'administration publique, pourront provisoirement augmenter ou diminuer les droits de douanes, tant à l'entrée qu'à la sortie du royaume, établir ou défendre des entrepôts, prohiber ou permettre l'importation et l'exportation de toutes marchandises, sous les peines de droit.

Art. 2. — Les notifications seront délibérées et arrêtées suivant les formes usitées pour les règlements d'administration publique. Elles seront présentées en forme de projet de loi au Corps législatif avant la fin de sa session, s'il est assemblé, où à sa session la plus prochaine, s'il ne l'est pas.

Toutes les dispositions ordonnées et exécutées en vertu du présent article, seront présentées en forme de projet de loi aux deux Chambres avant la fin de leur session, si elles sont assemblées, ou à la session la plus prochaine, si elles ne le sont pas.

Le projet de loi fut présenté à la Chambre à la séance du 24 septembre, et, dans l'exposé des motifs, le baron Louis exposa, à propos du titre V (art. 34), que, si désirable que soit la fixité des tarifs, les combinaisons douanières étaient variables et commandées souvent par des situations intérieures ou extérieures trop urgentes pour pouvoir être appliquées seulement par la volonté des Chambres. Il ajoutait que, sous le régime précédent, la loi du 29 floréal an X réservait cette faculté au gouvernement et que la « sagesse du roi » était un garant qu'on n'abuserait pas de cette mesure comme on avait abusé de la loi de l'an X (1).

Le projet du gouvernement fut considérablement

---

(1) Voir l'exposé des motifs et le texte du projet de loi, *Moniteur* du 26 septembre 1814, p. 1079 et suiv. Il faut remarquer qu'une loi du 25 novembre 1814, relative aux droits pour l'exportation des laines et des béliers mérinos et métis et pour l'importation des laines de l'étranger, disposait déjà, dans son article 6, que, dans l'intervalle d'une session à l'autre, et quand les circonstances l'exigeraient, le gouvernement pourrait suspendre ou modifier les effets de cette loi, à condition de présenter à la session suivante les motifs de cette mesure.

amendé par la commission chargée de l'examiner. Il n'avait satisfait ni les partisans de la liberté commerciale, ni les partisans de la prohibition : les premiers craignant de voir l'intérêt des grands producteurs triompher de l'intérêt des consommateurs ; les seconds redoutant de la part du gouvernement des faiblesses dangereuses pour leur système (1).

Voici le texte de l'article 33 § 1er, tel qu'il fut adopté par la commission (2).

Texte présenté par le gouvernement.	*Texte adopté par la commission.*
Des ordonnances du Roi, délibérées suivant les formes usitées par les règlements d'administration publique, pourront provisoirement augmenter ou diminuer les droits de douanes, tant à l'entrée qu'à la sortie du royaume, établir ou défendre des entrepôts, prohiber ou permettre l'importation et l'exportation de toutes marchandises, sous les peines de droit.	Des ordonnances du Roi, peuvent provisoirement et en cas d'urgence : 1° Prohiber l'entrée des marchandises de fabrication étrangère, ou augmenter à leur importation les droits de douanes ; 2° Diminuer les droits sur les matières premières nécessaires aux manufactures ; 3° Permettre ou suspendre l'exportation des produits du sol et de l'industrie nationale, et déterminer les droits auxquels ils seront assujettis ; 4° Limiter à certains bureaux

(1) Voy. Amé, *Etude sur les tarifs de douanes et sur les traités de commerce*, t. I, p. 71

(2) Il ne fut apporté aucune modification au paragraphe 2 de cet article, relatif à la ratification du pouvoir législatif.

> de douane l'importation ou l'exportation de certaines marchandises permises à l'entrée et à la sortie du royaume, en telle sorte que ladite importation ou exportation ne puisse s'en effectuer par aucun autre bureau.

Le projet de la commission n'accordait donc plus au gouvernement la faculté de changer à son gré les tarifs, comme il l'avait demandé, et si des ordonnances pouvaient *augmenter* les droits d'entrée jusqu'à la prohibition, elles ne pouvaient les *diminuer* que pour les matières premières nécessaires aux manufactures.

La discussion vint devant la Chambre à la séance du 17 novembre. L'article 34 rencontra une vive opposition basée sur la stabilité nécessaire aux opérations commerciales et sur le principe constitutionnel du vote de l'impôt (1).

Lors de la discussion des articles, M. Gallois, reprenant les objections tirées de la stabilité nécessaire des tarifs douaniers et se plaçant particulièrement sur le terrain constitutionnel, formula alors la plupart des critiques qui ont été faites depuis au cadenas. Il demanda la suppression de l'article 34 comme inconstitutionnel parce qu'il autorisait l'établissement et la perception d'impôts non consentis par les deux Cham-

(1) Séance du 17 novembre 1814, *Moniteur* du 18, p. 1297 et 1298 ; Séance du 18 novembre, *Moniteur* du 19, p. 1301.

bres et termina en mettant en doute l'efficacité de la responsabilité ministérielle comme correctif de la liberté laissée au gouvernement (1).

L'article 34 fut néanmoins voté avec un amendement présenté par M. Francoville et destiné à éviter aux commerçants, pour les expéditions mises en route avant les ordonnances, les conséquences d'une législation qu'ils n'avaient pu prévoir (2). En voici les termes : « Néanmoins, en cas de prohibition, les denrées et marchandises qui seront justifiées avoir été expédiées avant la promulgation desdites ordonnances seront admises en acquittant les droits antérieurs à la prohibition. »

Le texte de cette disposition, qui fut ajoutée au 1° de l'article 34, porte « denrées et marchandises », alors que la première partie de cet alinéa contient seulement le mot « marchandises ». On s'appuya sur cette contradiction pour prétendre que la loi de 1814 n'était pas applicable aux denrées. — C'est la conséquence ordinaire des amendements de prêter à des controverses : rédigés à la hâte, votés sans discussion approfondie, ils troublent souvent l'harmonie des textes et parfois compromettent l'économie d'une loi entière. — On soutint que le législateur avait pris le mot « marchandises » dans son sens étroit et qu'après avoir restreint le pouvoir du gouvernement aux « marchandises de

____

(1) Chambre, séance du 26 novembre 1814, *Moniteur* du 27, p. 1333 et 1334.

(2) Chambre, séance du 26 novembre 1814, *Moniteur* du 27, p.1334.

fabrication étrangère », il n'avait pu se contredire dans le même paragraphe et accorder dans la 2e partie de cette disposition, ce qu'il avait refusé dans la 1re ; qu'en conséquence les ordonnances n'étaient pas applicables aux denrées.

La Cour de cassation (1) fut appelée à donner son avis, à propos de l'ordonnance royale du 2 septembre 1838, confirmée par la loi du 6 mai 1841, qui restreignait aux *denrées* provenant d'au delà des îles de la Sonde la réduction des droits accordée par la loi du 2 juillet 1836 aux denrées provenant en droiture de ces îles. Se basant sur le raisonnement que nous avons exposé, des intéressés prétendaient que l'ordonnance du 2 septembre 1838 était illégale. La Cour suprême ne trancha pas la difficulté, elle décida seulement que l'ordonnance mise en cause ayant été ratifiée par le législateur, sa légalité ne pouvait plus être mise en question devant le pouvoir judiciaire.

La difficulté nous paraît avoir été implicitement résolue par la loi du 6 mai 1841 qui a consacré l'ordonnance de 1838 relative aux denrées. D'ailleurs la plupart des ordonnances rendues en vertu de l'article 34 de la loi de 1814 eurent pour objet les céréales.

La loi du 15 juin 1861, que nous étudierons plus loin, ne permet plus de doute à ce sujet (2).

(1) Cassation, 29 novembre 1842, D. P. 43.1.169.

(2) Toutefois l'opinion contraire a été soutenue récemment à la Chambre. A la séance du 9 juillet 1897, M. des Rotours, après avoir

Ainsi donc la loi de 1814 n'accordait pas au gouvernement le pouvoir illimité qu'il avait demandé, et, en lui permettant d'augmenter à sa volonté les droits d'entrée, ne l'autorisait à les abaisser que pour les matières nécessaires à l'industrie. Cette restriction concernant la suspension ou la réduction des droits, nous la retrouverons dans une loi récente, et nous aurons alors l'occasion de nous expliquer à son sujet. En ce qui concerne la loi qui nous occupe, cette disposition s'explique, comme l'article 34 tout entier, d'ailleurs, par la pensée *exclusivement protectionniste* qui a inspiré le législateur. C'est l'idée dominante qui ressort aussi bien des termes de l'article 34 que des discussions auxquelles il a donné lieu. Nous trouvons là une des manifestations de cet état d'esprit qui a dominé notre législation depuis le début de ce siècle jusqu'à la réaction libre-échangiste de 1860. « D'un côté, dit M. Amé (1), les partisans de la liberté commerciale ; de l'autre, les intérêts privés poussant aux restrictions les plus étroites ; au milieu, le gouvernement, acceptant le système protecteur sans vouloir l'exagérer, mais entraîné presque

---

lu le texte de l'article 34 de la loi de 1814, ajoutait : « Vous le voyez, la loi permet bien au gouvernement de prohiber l'entrée des marchandises de fabrication étrangère, mais elle ne permet pas de prohiber l'entrée *des produits du sol et des matières premières* » (Chambre des députés, séance du 9 juillet 1897, *Journ. off.* du 10, p. 1912, 1913 et 1914).

(1) *Etude sur les tarifs de douane et les traités de commerce*, tome I, p. 70.

toujours au delà des limites qu'il aurait cru prudent de ne pas dépasser. »

On remarquera, en outre, que la loi de 1814 ne prévoyait pas, en cas de non-approbation des ordonnances par les Chambres, la restitution des droits provisoirement perçus. Il n'en fut même pas question dans les travaux préparatoires.

La loi du 7 juin 1820 apporta une nouvelle restriction aux pouvoirs du gouvernement en l'obligeant à déterminer dans ses ordonnances le point de départ des modifications douanières qu'elles contenaient. Voici l'article 2, § 3 et 4 de cette loi : « A l'avenir, les ordonnances du roi qui seront rendues en matières de douanes, en vertu de l'article 34 de la loi du 17 décembre 1814, détermineront, suivant les provenances, l'époque à laquelle devront commencer à être appliquées les augmentations ou diminutions des droits ainsi que les prohibitions qu'elles auront prononcées. — Ces ordonnances et les décisions qui seront rendues en vertu du même article, ne seront exécutoires qu'après leur insertion au *Bulletin des lois*. »

La loi du 3 juillet 1840 contenait deux dispositions intéressant la délégation conférée par la loi de 1814. D'une part l'article 2 soustrait les droits à l'importation des sucres des colonies françaises à l'action du pouvoir exécutif ; d'autre part l'article 4 soumet, au contraire, les surtaxes établies sur les sucres étrangers à l'initiative du gouvernement. Cette seconde prescription semble, au premier abord, inutile, et, pourtant l'article 34 de la loi de 1814 ne permet l'abaissement des tarifs que pour les matières premières nécessaires aux manufactures. Comme les sucres ne rentrent pas dans cette catégorie, en l'absence de texte, le gouvernement n'aurait pu, par une ordonnance, diminuer les droits à l'importation des sucres étrangers.

On a prétendu que toute cette législation avait été abrogée tacitement quand, en 1861, le système libre-échangiste fut substitué au régime protectionniste jusque là en vigueur.

Nous ferons d'abord observer que le cadenas n'est pas incompatible avec le libre-échange ; la preuve en est qu'il est en usage dans des pays libre-échangistes, notamment en Angleterre.

En outre c'est un principe que « pour qu'une loi ou un décret cessent d'être en vigueur, il ne suffit pas que les circonstances au milieu ou en vue desquelles ils ont été rendus cessent d'exister, mais qu'il faut une abrogation résultant d'une nouvelle loi ou d'un nouveau décret » (1).

Une autre preuve, si besoin en était, que ces lois n'ont pas cessé d'être en vigueur, c'est qu'en 1861 il a été apporté une nouvelle restriction aux pouvoirs du gouvernement en matière douanière. La loi du 15 juin 1861, dans son article 4, § 2 déclare, en effet, que l'article 34

____

(1) Cassation, 4 avril 1887, D.P. 88.1.406.

de la loi du 17 décembre 1814 ne sera plus applicable aux grains, aux farines et à d'autres denrées dénommées.

Cette atténuation considérable à la portée du cadenas s'explique par ce fait qu'en 1861 on abrogeait la législation de l'*échelle mobile* sur les grains qui remontait à la loi du 5 décembre 1814. L'idée fondamentale du système dit « de l'échelle mobile » consiste à faire varier le droit d'importation avec le prix intérieur du blé, de manière à l'élever quand le prix du blé s'abaisse et à l'abaisser au contraire quand le prix du blé s'élève, le droit d'exportation variant en sens opposé. On cherche ainsi à protéger la production indigène contre la concurrence étrangère et en même temps à sauvegarder les consommateurs contre le prix trop élevé, en un mot à concilier ces deux intérêts en opposition : celui du producteur et celui du consommateur. En 1861, ce système faisait place à l'entrée en franchise des céréales et à une liberté entière d'exportation. En supprimant au gouvernement sa liberté de remanier les tarifs par voie d'ordonnance, le législateur voulait assurer au système libre-échangiste qu'il venait d'instituer son plein exercice et empêcher le pouvoir exécutif, d'élever les droits. Cela ressort clairement de ces paroles du rapporteur (1) s'écriant à ceux qui voulaient conserver au gouvernement la prérogative de la loi de 1814 : « Comment !

---

(1) M. Vernier, Corps législatif, séance du 29 mai 1861, *Moniteur* du 30, p. 772, 4ᵉ colonne.

vous faites une loi qui a pour objet de régler le commerce des céréales, et vous laisserez subsister, à côté de cette loi, la possibilité d'en suspendre les effets ! » En 1814 c'étaient les prohibitionnistes qui avaient restreint les pouvoirs du gouvernement, ici ce sont les libre-échangistes. Cela ne doit pas étonner, car nous avons déjà dit pourquoi cette attribution du pouvoir exécutif était suspecte, à la fois, aux intransigeants des deux doctrines.

D'après la loi de 1814, les dispositions prises en vertu de l'article 34 doivent être soumises aux Chambres avant la fin de leur session ou à leur session la plus prochaine et il est toujours possible au législateur, en refusant son veto, de rendre caduques les modifications apportées aux tarifs. On peut dès lors se demander s'il était bien utile, en 1861, d'abroger partiellement l'article 34. On paraît avoir oublié cette nécessité de la sanction législative.

On se faisait d'étranges illusions en 1861, c'était le temps où, trompé par les circonstances exceptionnellement favorables que traversait l'agriculture, on affirmait que les blés étrangers ne seraient jamais un danger sérieux pour les nôtres. Il pouvait dès lors paraître logique d'abandonner la faculté accordée au gouvernement en 1814, mais l'avenir, en changeant les conditions devait bientôt démentir cette croyance optimiste.

Il a été fait de nombreuses applications de la loi de

1814 sous les divers régimes qui se sont succédé en France, et nous n'en indiquerons que les principales.

La Restauration a fait de fréquents usages du cadenas et la liste serait longue des ordonnances royales rendues en vertu de l'article 34. Dans une de ces ordonnances (1) nous lisons le considérant suivant qui montre bien de quelle façon on envisageait alors le cadenas, pour donner plus de souplesse à la législation douanière : « Vu le projet de loi relatif aux douanes que nous avons fait présenter à la Chambre des députés le 19 janvier dernier... Attendu que le cours des choses n'a pas permis que ledit projet de loi fût mis en délibération dans la session qui touche à sa fin ; — Considérant que, parmi les dispositions qui y sont comprises, le plus grand nombre rentre dans la classe de celles à l'égard desquelles l'article 34 de la loi du 17 décembre 1814 nous autorise à statuer provisoirement par voie d'ordonnance ; mais que, pour ces dernières même, il est convenable, une nouvelle convocation des Chambres étant prochaine, de ne recourir à cette voie qu'à l'égard de celles dont l'urgence pour la protection de notre agriculture et de nos fabriques ne saurait être ni méconnue ni contestée... »

En 1826, la légalité de certaines ordonnances fut vivement discutée. L'ordonnance du 14 mai 1823, prorogée par celle du 16 août 1824, avait élevé le tarif des

____

(1) Ordonnance du 23 avril 1822.

droits de douanes à l'entrée des laines brutes, en portant au triple le tarif fixé par la loi de 1822.

L'ordonnance du 20 décembre 1824, confirmée par celle du 13 juillet 1825, augmenta encore les droits frappant à leur entrée les laines brutes et quelques autres produits.

Quand ces dispositions furent soumises au corps législatif, des discussions s'élevèrent. On fit valoir que les augmentations de droits sur les matières premières n'étant pas permises par le texte limitatif de l'article 34 de la loi de 1814, les ordonnances qui avaient augmenté les tarifs à l'importation des laines brutes, matières premières, et de certains autres produits qu'on prétendit être également des matières premières, étaient illégales.

« Ces ordonnances, disait M. de la Bourdonnaie (2), ont triplé et quadruplé les droits de douanes à l'entrée des laines brutes, et comme les laines brutes sont évidemment des matières premières nécessaires à nos manufactures, puisqu'elles entrent dans la fabrication des draps et d'une foule de produits de notre industrie, il en résulte que les dispositions de ces ordonnances qui ont élevé le tarif des droits de douanes sur les laines brutes et autres matières premières, sont illégales, les perceptions qu'elles établissent illicites et concussionnaires, et qu'elles n'ont pu être mises en mouvement

(1) Voir *Moniteur* des 14 et 15 avril 1826.
(2) Chambre, séance du 11 avril 1826, *Moniteur* du 14, p. 518.

que par voie de contrainte. » L'orateur en concluait
que, s'il appartenait au pouvoir législatif de transfor-
mer en loi les dispositions renfermées dans une ordonnance illégale, il n'était pas en son pouvoir de légitimer,
par rétroactivité, « un passé qui ne lui appartenait plus »
et que les perceptions faites en vertu des ordonnances
précitées, devaient être remboursées. Le ministre des
finances répondit que les laines étaient régies non par
la loi du 17 décembre 1814, mais par celle du 25 novembre 1814 (1) qui dispose dans son article 6 que
« dans l'intervalle d'une session à l'autre, et si les circonstances l'exigent, le gouvernement pourra suspendre ou modifier les effets de la présente loi, en présen-
tant à la session suivante les motifs qui auraient
déterminé cette mesure ». La question avait été portée
devant les tribunaux, la Cour de cassation partagea
cette manière de voir dans son arrêt du 4 juillet 1827(2),
en décidant que la disposition de l'article 6 de la loi du
25 novembre 1814 n'ayant pas été abrogée par une loi
ultérieure, était toujours en vigueur. La Cour suprême
admit en outre que, pour satisfaire à l'esprit de cette

(1) Il ne semble pas pourtant que ce soit réellement l'article 6 de
la loi de novembre 1814 qui ait été appliqué dans ces ordonnances.
En effet, lors des procès qui furent intentés au fisc à leur sujet,
antérieurement à la discussion devant la Chambre, le gouvernement ne se défendit pas d'abord en invoquant la loi du 25 novembre 1814. En outre, dans l'ordonnance du 13 juillet 1825, on ne
mentionne que la loi du 17 décembre 1814, alors pourtant que cette
ordonnance était relative, entre autres produits, aux laines brutes.
(2) Cassation, 4 juillet 1827, D. P. 27.1.291.

loi, il suffisait que le ministre fasse connaître ses motifs à la Chambre des députés seule, pour que le droit continue d'être exigible, même si l'ordonnance n'a pas été convertie en loi.

Le ministre des finances (1) invoqua très subsidiairement l'argument suivant : « Mais je le déclare, quand nous n'aurions pas eu la loi spéciale qui nous régit pour les laines, je suis convaincu qu'avec l'article 34 de la loi de décembre 1814, il y aurait eu lieu, après les provocations qui nous avaient été faites dans la Chambre, de prendre les dispositions que le gouvernement a prises avec la plus grande loyauté. »

Il serait étrange qu'un ministre accusé d'avoir violé la loi s'en excuse en disant que le législateur l'y a poussé par ses sollicitations !

La Monarchie de juillet a souvent mis aussi le cadenas en pratique.

En 1842, une ordonnance du 26 juin augmenta les droits sur les fils et les toiles de lin et de chanvre, mais l'ordonnance du 16 juillet suivant accorda à la Belgique des conditions exceptionnelles en maintenant pour ses produits l'ancien tarif ; cette dernière ordonnance donna lieu à des difficultés.

D'abord elle ne fut soumise aux Chambres qu'à la fin de la session suivante, le 5 juin 1843, soit près d'un an après sa promulgation. La clôture de la session était

(1) Chambre, séance du 13 avril 1826, *Moniteur* du 15, p. 520.

trop proche pour permettre l'examen d'une loi de douane ; le Ministre du Commerce, interpellé, promit de représenter le projet dès la session suivante. A cette session, en effet, la loi fut présentée, mais le rapport n'ayant pu être terminé avant le 27 juin, la session fut encore close sans approbation. C'est donc seulement en 1845, le 25 mars, que le projet de loi vint en discussion utile à la Chambre. Un député, M. Mercier (de l'Orne) (1) se plaignit vivement du retard et contesta la légalité de l'ordonnance, dans ces conditions. Il mit en outre en doute qu'il y eût urgence et que les fils et tissus de lin et de chanvre fussent des matières premières, seules susceptibles d'une diminution de droits en vertu de l'article 34 de la loi de 1814. L'ordonnance fut néanmoins confirmée.

En 1845 et 1847 des ordonnances établirent des droits que les Chambres jugèrent insuffisants et élevèrent dans de fortes proportions. La légalité de ces ordonnances nous paraît douteuse, la loi de 1814 ne permettant pas, à notre avis, d'établir par ordonnance des tarifs à l'importation, mais seulement de les élever ou de les réduire, — pour les matières premières. Il ne semble pas d'ailleurs, d'une façon générale, que, dans les applications de la loi de 1814, on ait fait cette distinction.

En 1845, lors de la discussion de la loi sur les doua-

____

(1) Chambre, séance du 25 mars 1845, *Moniteur* du 26, p. 703.

nes, M. Darblay (1) proposa à la Chambre des députés un amendement, donnant au gouvernement la faculté d'élever les droits sur les graines oléagineuses, matières premières. Cet amendement était ainsi conçu : « En l'absence des Chambres, le gouvernement est autorisé à élever les droits des graines et fruits oléagineux de toutes provenances, par ordonnance royale, qui devra être soumise aux Chambres dans la session qui suivra sa mise à exécution. » M. Darblay, dans les observations qu'il présenta à l'appui de son amendement fit valoir que la loi de 1814 permettant au gouvernement d'abaisser les droits sur les matières premières et de les élever sur les matières fabriquées, il n'y avait pas de motif pour ne pas lui donner le droit d'élever les tarifs à l'entrée d'une matière première « qui pourrait causer de nouveaux embarras ». M. Boulay (du Var) compléta ces observations, mais l'amendement de M. Darblay fut néanmoins repoussé par le gouvernement et la commission et retiré par son auteur avant sa mise aux voix.

La République de 1848 a fait également usage du cadenas.

Le 2ᵉ Empire s'en est servi pour réaliser l'introduction du régime du libre-échange. Les décrets du 22 novembre 1853 et du 10 mai 1854 abaissèrent les droits sur les houilles et les fers étrangers. Des abaissements similaires furent également accordés aux bestiaux, cé-

(1) Chambre, séance du 28 mars 1845, *Moniteur* du 29, p. 753 et 754.

réales, vins, spiritueux, viandes fraîches ou salées (Décrets du 3 août 1853, 18 août 1853, 14 septembre 1853, 1er octobre 1853, 22 septembre 1854, 5 octobre 1854, 30 août 1854).

Le décret du 17 octobre 1855 accorda l'admission temporaire en franchise des produits destinés à la construction des bâtiments de mer, et fixa à 10 pour 100 les droits à l'importation des navires étrangers, prohibée depuis 1793.

Mais c'est surtout en matière de céréales que les décrets sont importants à examiner.

En 1853, dès le mois de juin, les rapports firent pressentir une mauvaise récolte ; en août l'hectolitre de froment touchait le prix de 26 francs. Le déficit de la récolte avait aussi atteint l'Angleterre, l'Allemagne, l'Italie, qui allaient devoir, comme nous, combler les vides avec les blés de la Russie et de l'Amérique, et cette circonstance rendait la situation plus menaçante. Pour éviter la disette, le gouvernement commença par supprimer la surtaxe de navigation à l'entrée des grains et farines importés par navires étrangers (décret du 3 août 1853) puis le décret du 18 août 1853 suspendit l'échelle mobile jusqu'au 31 décembre suivant, en ce qui touche l'importation. Le décret du 29 novembre 1854 interdit même l'exportation.

Les prix, malgré l'introduction de plus de 4 millions d'hectolitres de blés étrangers augmentèrent encore pour atteindre au mois de décembre le cours de trente francs.

En 1854, 1855, 1856, les récoltes furent encore mauvaises et le blé resta à un cours élevé : pendant ces deux dernières années il valut jusqu'à 33 francs l'hectolitre et jamais moins de 26 francs. En 1858 une récolte exceptionnellement bonne le ramena à un taux normal.

Des décrets successifs avaient prorogé d'année en année jusque 1857 les décrets du 18 août 1853 et du 29 novembre 1854. En 1857 un décret du 22 septembre prorogea encore la liberté d'importation, mais le 10 novembre la prohibition d'exportation fut levée.

En 1858, malgré les bonnes récoltes de 1857 et de cette année, et malgré le bas prix du blé qui était descendu à 16 fr. 20, un décret du 30 septembre vint renouveler les prescriptions de celui du 18 août 1853 jusqu'au 30 septembre 1859. Les agriculteurs réclamèrent contre cette introduction déguisée du libre-échange ; néanmoins après une enquête par le Conseil d'État, le gouvernement se proposait de demander l'abrogation de l'échelle mobile quand la guerre d'Italie vint l'obliger à ajourner sa réforme. Le décret du 7 mai 1859 rétablit donc l'échelle mobile et le décret du 30 septembre 1858 fut rapporté.

Ce ne fut pas d'ailleurs pour longtemps. L'année suivante le décret du 22 août vint suspendre à nouveau les droits à l'importation et la loi du 15 juin 1861 consacra l'abrogation de l'échelle mobile.

Les lois de 1856, 1857 et 1859 ratifièrent la plupart

des décrets rendus depuis 1852, mais ce ne fut pas sans difficultés. Les réclamations se manifestèrent notamment lors de la discussion de la loi de 1856. En 1859, la conduite du gouvernement donna aussi lieu à de violentes critiques. Il est incontestable en effet que certains de ces décrets n'étaient pas légaux, réduisant les droits sur des produits qui ne sont pas des matières premières et que le gouvernement s'est servi de la loi de 1814 pour placer les Chambres en face de l'irréparable, contrairement aux termes et à l'esprit de cette loi.

A la veille de la guerre le décret du 24 juillet 1870 prohiba la sortie des armes de guerre (1).

Quelques jours plus tard, il fut fait une nouvelle application du cadenas dans des circonstances tout à fait particulières.

L'article 7 de la loi de finances du 27 juillet 1870 doublait les droits à l'entrée des cafés, thés et cacaos. Cette augmentation de tarif avait un caractère purement fiscal — la nature des denrées frappées en est une preuve — et était destinée uniquement à mettre le Trésor en mesure de parer aux éventualités de la guerre. Dans le projet, il était dit que ces nouvelles taxes se-

___

(1) A cet égard observons qu'il ne serait plus besoin aujourd'hui de recourir à la loi de 1814 pour prendre cette mesure. La loi du 13 avril 1895, art. 2, permet, par décrets rendus sur la proposition du ministre de la guerre et sur l'avis conforme du ministre du commerce et du ministre des finances, d'interdire l'exportation des armes, pièces d'armes et munitions de toute espèce. Pareil droit était déjà réservé par l'article 11 de la loi du 14 août 1885.

C. — 7

raient immédiatement applicables, mais, au moment de la discussion, certains représentants des ports demandèrent un délai d'application dans le but de sauvegarder les expéditions déjà faites, et cette proposition, acceptée par la commission et le gouvernement, fut votée : l'application des droits nouveaux fut portée au 1er septembre (l'on était au 20 juillet) (1).

Cette résolution de la dernière heure venait contrarier l'économie de l'article 7. — On a déjà eu l'occasion de remarquer que c'est le sort commun à beaucoup d'amendements. — Cette concession allait permettre de jeter sur notre marché les marchandises entreposées en Europe et d'ajourner ainsi à une date peut-être fort éloignée l'effet voulu de la loi. C'était aller à l'encontre de la volonté même du législateur.

De plus ce délai était insuffisant pour beaucoup d'expéditions venant des pays éloignés, notamment en ce qui concerne les expéditions de thé.

Ce double inconvénient fut nettement aperçu au Sénat (2). M. Hubert-Delisle et M. de Mentque se firent les interprètes des importateurs ; M. Michel Chevalier, appuyant ces critiques, envisagea surtout le préjudice qui résulterait pour le Trésor public de l'ajournement voté par la Chambre. « Le problème à résoudre, dit-il, est

---

(1) Corps législatif, séance du 20 juillet 1870, *Journ. Off.* du 21, p. 1297. — Voy. aussi Amé, *Etude sur les tarifs de douane et les traités de commerce*, tome II, p. 68 et s.

(2) Séance du 23 juillet 1870, *Journ. Off.* du 24, p. 1323.

celui-ci : y a-t-il un moyen quelconque, un moyen avoua-
ble et légitime pour empêcher que ces cafés, qui emplis-
sent les entrepôts européens, ne profitent du délai accordé par la loi pour se précipiter sur notre marché et
frustrer le Trésor du droit supplémentaire qu'il s'était
flatté de percevoir? » Cette question laissait entrevoir une
réponse difficile et embarrassée, et, en effet, après avoir
constaté qu'il était impossible de saisir à nouveau le
Corps législatif, l'orateur termina en ces termes : « Nous
avons une loi de douanes déjà ancienne, mais souvent
appliquée, la loi du 17 décembre 1814, qui confère au
gouvernement de très grands pouvoirs, *et qui est passa-
blement élastique dans ses dispositions. Je crois qu'en
examinant de près les termes de cette loi, on pourrait y
découvrir un moyen* qui permette au gouvernement
d'interdire actuellement aux cafés amassés dans les
entrepôts étrangers la faculté d'aborder le territoire
français, sous le droit actuel de 50 centimes par kilog. »

Le Président du Sénat, lui-même, M. Rouher, monta
à son tour à la tribune pour engager le gouvernement
à user de la prérogative de la loi de 1814. Le ministre
des finances hésita, médiocrement rassuré sans doute
sur la légalité du procédé, mais, à la suite d'un long
débat au sein du conseil des ministres, fut publié le
décret du 28 juillet 1870, étendant le délai fixé par la
loi du 27, pour les expéditions mises en route antérieurement à la promulgation de cette loi et rendant, au
contraire, les droits nouveaux immédiatement exigibles

pour les marchandises qui n'étaient pas en cours de route lors de la promulgation du décret (1).

Nous avons vu que cette détermination ne fut prise qu'après bien des hésitations ; il ne paraît pas, en effet, qu'elle fût permise par les termes de la loi de 1814, qui ne prévoient pas cette modification à un délai légal d'importation soit dans le but de le restreindre, soit dans le but de l'étendre. La suppression du délai à l'égard des marchandises non mises en route aurait pu à la rigueur s'admettre, puisque des décrets peuvent « prohiber l'entrée des marchandises de fabrication étrangère, *ou augmenter à leur importation les droits de douanes* », mais l'extension du délai pour les marchandises mises en route avant la promulgation de la loi, équivalait à une réduction de droit pour ces marchandises, or les diminutions de droits ne sont autorisées par la loi de 1814 que pour les matières premières nécessaires aux manufactures. Même en forçant les textes, il est donc impossible de légitimer ce décret.

(1) Art. 1er. — Les cafés, thés et cacaos expédiés de l'étranger, autres que ceux qui seraient aujourd'hui en cours de route pour la France, seront passibles, à partir de la promulgation du présent décret, des droits suivants, décimes compris (tableau des droits).

2. — Les cafés, thés et cacaos importés en France par navires français ou étrangers dont on justifiera le départ des lieux de provenance et la destination pour la France à une date antérieure à la promulgation de la loi de finances du 27 juillet 1870, seront passibles seulement des droits existant antérieurement à la promulgation de ladite loi sous la condition qu'ils seront déclarés pour la consommation à l'arrivée desdits navires, et quelle que soit l'époque de leur arrivée en France.

En outre, user du cadenas dans de pareilles conditions, nous paraît singulièrement s'écarter du principe et de la raison d'être de cette institution. Elle est destinée à mettre provisoirement une loi à exécution en attendant son vote par les Chambres, et non à modifier une loi votée la veille. Or le décret du 28 juillet 1870 fut rendu pour modifier les dispositions de la loi du 27 juillet !

Il faut tenir compte qu'on était alors à la veille de la clôture de la session parlementaire et du commencement des hostilités, et les circonstances particulières qui ont entouré cette mesure peuvent peut-être l'excuser, dans la mesure, toutefois, où de tels expédients sont excusables.

Cette application de la loi de 1814, si critiquable qu'elle soit, a néanmoins montré l'intérêt pour le fisc à ne pas laisser aux produits visés par de nouvelles taxes le temps de s'y soustraire par des importations excessives avant leur mise en vigueur, et par là même donné une nouvelle preuve de l'utilité du cadenas.

Sous notre régime actuel, il a été fait aussi usage du cadenas. Il y a quelques années on s'en servait contre le billon étranger. L'arrangement monétaire conclu à Paris, le 15 novembre 1893 (1), entre la Belgique, la France, la Grèce, l'Italie et la Suisse, approuvé par la loi du 22 mars 1894, disposait dans son article 14 :

______

(1) On sait que cet accord modifiant la convention du 6 novembre 1885 fut conclu à la demande du gouvernement italien voulant empêcher l'émigration persistante de ses monnaies divisionnaires.

« Lorsque les caisses publiques de la France, de la Belgique, de la Grèce et de la Suisse n'auront plus à accepter les monnaies divisionnaires italiennes, chacun de ces quatre États aura la faculté d'en prohiber l'importation. »

En vertu de l'article 34 de la loi du 17 décembre 1814, un décret mit cette disposition de l'accord de 1893 en pratique en décidant, à la date du 22 juillet 1894, que l'importation des monnaies divisionnaires italiennes serait prohibée en France, à partir du 25 juillet, et à partir du 25 août en Algérie et dans les colonies.

Conformément à la loi de 1814, le projet suivant fut déposé à la Chambre le 26 juillet :

« Est sanctionné le décret du 22 juillet 1894, rendu par application de l'article 34 de la loi du 17 décembre 1814 et prohibant l'importation des monnaies divisionnaires d'argent italiennes... »

On a encore appliqué le cadenas, en conséquence de la loi de 1814, à une époque plus rapprochée de nous.

En 1896, des modifications avaient été apportées au régime des sucres en Allemagne et en Autriche, sous forme de primes à l'exportation. Non seulement nos exportations étaient menacées, mais sur notre marché national lui-même, les produits étrangers allaient présenter une redoutable concurrence à nos sucres. Il fallait donc, d'une part, au moyen de nouvelles surtaxes à l'importation des sucres bruts et raffinés, protéger notre marché intérieur, et, d'autre part, par l'augmentation des primes de sortie, assurer à nos producteurs les débouchés nécessaires à leur industrie. Les lois sur les sucres allemands et autrichiens devaient être appliquées au 1er août ; il y avait donc intérêt à prendre les mesures nécessaires et à les mettre en vigueur à cette même date. Un projet de loi déposé par le gouvernement à la Chambre des députés, le 9 juillet 1896, remplissait ce double but, mais il n'avait pu être discuté avant la fin de la session.

Dans un rapport au président de la République, en date du 25 juillet, les ministres du commerce et des finances, rappelèrent que si le gouvernement était impuissant en ce qui touchait les primes à l'exportation, il était doublement armé par l'article 34 de la loi du 17 décembre 1814 et par l'article 4 de la loi du 3 juillet 1840 du pouvoir d'augmenter, au moins provisoirement, les surtaxes à l'importation. Ils proposèrent, en conséquence, de mettre en vigueur par un décret, à partir du 1er août, les surtaxes prévues par le projet de loi qui avait été soumis aux Chambres. Cette mesure était urgente ; les taxes existantes de 7 francs sur les bruts et de 8 francs sur les raffinés, eussent été impuissantes à arrêter l'invasion de notre marché par les sucres allemands et austro-hongrois. C'est à peine, en effet, si, pour les sucres raffinés, même avant les nouvelles mesures douanières prises par l'étranger, les surtaxes protégeaient notre industrie. Voici, à ce sujet, le relevé des entrées, dans les années antérieures à 1896 :

1892 . . . . 34.327 kilogs
1893 . . . . 20.037 »
1894 . . . . 209.072 »
1895 . . . . 876.715 »

Tel fut l'objet du décret du 26 juillet qui fixa les surtaxes applicables, à partir du 1er août, « aux sucres bruts étrangers importés des pays d'Europe, et aux sucres raffinés étrangers, toute origine ».

C'est à propos de ce décret que fut soulevée la question de savoir si la disparition du régime protectionniste en 1861 n'avait pas entraîné l'abrogation tacite des lois de 1814 et 1840. C'est une question qui a été traitée plus haut ; nous n'y reviendrons pas.

La loi du 7 avril 1897 a sanctionné définitivement les surtaxes établies par le décret de 1896, en même temps qu'elle les modifiait pour l'avenir (art. 9) et qu'elle créait des primes à l'exportation. Cette même loi apportait une nouvelle consécration du cadenas dans ses articles 11 et 12, en armant le gouvernement de nouveaux pouvoirs.

Art. 11. — Si des pays producteurs de sucre de betteraves accordant actuellement des primes d'exportation, *suppriment ou abaissent* ces primes, le gouvernement est autorisé, *en l'absence des Chambres*, à prendre, par décret, les mêmes mesures, sous réserve de ratification par une loi.

Art. 12. — Dans le cas où le montant des primes allouées pendant une campagne excéderait le produit des taxes de fabrication et de raffinage prévues par la présente loi, le taux des primes serait, pour la campagne suivante, ramené au chiffre nécessaire pour couvrir le Trésor de son avance, par décret rendu en conseil des ministres, et présenté en forme de projet de loi, aux Chambres, avant la fin de leur session, si elles sont assemblées, ou à la session la plus prochaine si elles ne sont pas assemblées.

On remarquera que l'article 11 n'est applicable qu'en l'absence des Chambres, alors que l'article 12 est applicable même pendant les sessions parlementaires.

Le législateur a sans doute pensé que dans l'hypothèse de l'article 11 il n'y avait pas lieu de donner de pouvoir spécial au gouvernement quand les Chambres étaient en session, parce qu'il n'y avait jamais la même urgence à supprimer les taxes d'exportation qu'à les établir et que, dans ce cas, les lenteurs de la procédure législative étaient plutôt favorables à notre industrie — au détriment du fisc, il est vrai. Au contraire, dans l'éventualité de l'article 12, on a prévu qu'il y aurait souvent nécessité pour les ministres à statuer de leur propre autorité, même pendant les sessions parlementaires, l'équilibre du budget étant en jeu.

Les articles 11 et 12 présentent une autre différence : ils ne s'expriment pas dans les mêmes termes quant à la condition d'exercice de la délégation conférée au pouvoir exécutif. Tandis que le premier exige seulement la « ratification par une loi », sans indiquer le délai, le second exige la présentation en forme de projet de loi aux Chambres, à la session prochaine — si le Parlement n'est pas en session au moment de la signature du décret.

Il semble donc que l'article 11 laisse plus de latitude au gouvernement. Nous croyons, qu'en réalité, dans les deux cas, la ratification législative doit intervenir avant la clôture de la session suivant le décret, et que le législateur a entendu appliquer la règle de l'article 12 à l'article 11. *Ubi eadem ratio, ibi idem jus.*

Telle est la garantie, d'ailleurs, qu'exigent les lois de 1814 et de 1840 qu'on a voulu simplement étendre à des cas qu'elles n'avaient pu prévoir.

Enfin, il est bien évident que la nécessité de la sanction d'une loi serait illusoire si elle n'était pas renfermée dans une limite.

Il n'en reste pas moins qu'il eût été plus logique, pour le législateur, d'employer, pour les mêmes espèces, les mêmes expressions.

Le décret du 17 août 1898 (1) a fait une application de l'article 12 de la loi du 7 avril 1897. Il a modifié à partir du 1er septembre 1898 les primes allouées aux sucres indigènes ou coloniaux pour l'exportation en pays étrangers.

« Il résulte des dispositions de ce décret, dit la cir-

(1) *Journ. Off.*, 18 août 1898.

culaire transmissive de l'administration des douanes,
que tous les certificats d'exportation ou d'entrée en entrepôt *d'une date postérieure au* 31 *août* 1898 ne devront
donner lieu qu'à l'allocation des nouvelles primes lors de
leur application à la décharge de soumissions d'admission temporaire souscrites pour des sucres de la campagne 1897-1898 et de la campagne suivante. »

Loi du 29 mars 1887.

Nous trouvons la doctrine du cadenas reproduite
dans la loi du 29 mars 1887 relative aux céréales. Cette
loi, destinée comme celle du 28 mars 1885 à apporter
un remède à la crise agricole, remplaçait par un droit
de 5 francs sur les céréales le droit de 3 francs que la
loi de 1885 avait substitué à la taxe fiscale de 60 centimes. L'article 1er, § 2 et 3, était ainsi conçu : « Dans des
circonstances exceptionnelles et quand le prix du pain
s'élèvera à un taux menaçant pour l'alimentation publique, le Gouvernement pourra, en l'absence des
Chambres, suspendre en tout ou en partie *les effets de
la présente loi*, par un décret du Président de la République, rendu en Conseil des ministres. Dans ce cas, la
mesure prise par le Gouvernement devra être soumise
à ratification, aussitôt les Chambres réunies. »

Cette disposition ne figurait pas dans le projet, elle
fut le résultat d'un amendement présenté par M. Ber-
nard-Lavergne et modifié par M. George Roche (1).

(1) L'amendement, tel qu'il avait été présenté par M. Bernard

Elle rencontra à la Chambre une vive résistance et ne fut votée qu'à une faible majorité ; on lui reprocha d'être contraire aux principes de notre droit et inefficace et de rendre impossible le commerce du blé (1).

Au Sénat ces attaques se renouvelèrent. Voici en quels termes sévères, M. Labiche, le rapporteur, l'appréciait dans son rapport : « Il est probable que, dans d'autres circonstances, votre commission n'aurait pas hésité à vous proposer le rejet de cette disposition ; car elle est susceptible de bien des objections. Elle n'est pas conforme aux principes de notre droit public, elle met aux mains du gouvernement une arme dangereuse ; enfin, si nos commerçants pouvaient supposer que le gouvernement est disposé à user du pouvoir qu'on lui accorde, cette supposition créerait une situation précaire et incertaine pour des opérations qui exigent la sécurité d'un certain avenir. Mais les conditions auxquelles a été subordonné l'exercice du droit concédé au gouvernement, nous permettent d'espérer qu'il n'en

Lavergne, était ainsi conçu : « toutefois, dans des circonstances exceptionnelles et quand le prix du pain s'élèvera à un taux menaçant pour l'alimentation publique, le gouvernement pourra, jusqu'à ce que les Chambres aient statué, suspendre en tout ou en partie les effets de la présente loi, par un décret du président de la République, rendu en conseil des ministres ». Un autre amendement présenté par M. Jumel fut repoussé. En voici les termes : « Dans ce cas, le même décret ordonnera le remboursement des droits dans les mêmes proportions aux détenteurs de blés exotiques, jusqu'à concurrence des quantités dont ils justifieront l'existence dans leurs magasins ou entrepôts. »

(1) Chambre, séance du 12 mars 1887, *Journ. Off.* du 13, p. 690.

sera jamais fait usage (1). » C'est sous le bénéfice des mêmes observations que l'article 1ᵉʳ fut voté au Sénat (2).

Nous ne retrouvons pas cette disposition reproduite dans la loi du 2 juillet 1891 qui a ramené le droit à 3 francs le quintal à partir du 10 juillet 1891 jusqu'au 1ᵉʳ juin 1892. La faculté concédée au gouvernement par l'article 1ᵉʳ de la loi de 1887 étant exceptionnelle et accordée seulement pour les « effets de la présente loi », le législateur de 1891 aurait dû reproduire les termes de la loi précédente. Néanmoins, la loi du 2 janvier 1891 étant seulement partiellement suspensive des effets de celle de 1887, les dispositions de cette dernière qui n'avaient pas été modifiées restaient en vigueur. Il semble bien que telle est l'idée qui a prévalu aux travaux préparatoires. En effet, à la séance du Sénat du 8 juin 1891, M. Léopold Faye adressa à ce sujet une question au Ministre de l'agriculture, lui demandant si le gouvernement se croyait autorisé, malgré le silence de la loi, à user de la prérogative qui lui permettait depuis 1887 de suspendre ou de supprimer les droits sur le blé pendant l'intersession des Chambres et dans les circonstances exceptionnelles (3).

M. Develle, ministre de l'agriculture, lui répondit : « J'estime que la loi de 1887 n'est pas abrogée, que les

______

(1) Sénat, *Documents parlementaires* de 1887, p. 552.
(2) Sénat, séance du 25 mars 1887, *Journ. Off.* du 26, p. 467.
(3) Sénat, séance du 8 juin 1891, *Journ. Off.* du 9, p. 382.

effets en sont seulement partiellement et temporairement suspendus quant à la quotité du droit. Il est possible que ce ne soit qu'une garantie morale, mais nous devons du moins laisser aux consommateurs la certitude que le gouvernement, au besoin, prendrait les mesures nécessaires si quelque événement imprévu venait à surgir pour que l'alimentation publique fût complètement assurée. » Ainsi donc l'article 1er, § 2 et 3, de la loi du 29 mars 1887 restait en vigueur malgré le silence de la loi du 2 juillet 1891, à cause du caractère de cette dernière loi, mais il eût été préférable qu'une disposition additionnelle fût votée dans les mêmes termes, comme avait pensé, un instant, le proposer M. Léopold Faye (1). Cela eût été d'autant plus désirable que le texte de l'article 2 que nous donnons ci-dessous ne semblait pas prévoir cette éventualité d'une réduction ou suppression des droits par voie de décret. « A l'expiration de ce délai, s'il n'est survenu aucune disposition législative prorogeant la réduction des droits précités, ils seront perçus intégralement, soit 5 francs par quintal de blé et 8 francs par quintal de farine. »

La loi du 11 janvier 1892, relative à l'établissement du tarif général des douanes, maintint jusqu'au 1er juin 1892 les dispositions de la loi du 2 juillet 1891 en ce qui concerne les blés mais modifia à partir du 1er février

(1) Sénat, séance du 18 juillet 1891, *Journ. Off.* du 9, p. 382.

1892 les droits sur les farines. Nous ne trouvons pas non plus dans cette loi l'autorisation expresse pour le pouvoir exécutif de supprimer ou d'abaisser les droits sur les céréales mais l'article 14 contenait une prorogation implicite de l'article 1er de la loi de 1887. Voici, en effet, quels étaient ses termes : « *Chaque fois que, par application de l'article* 1er *de la loi du* 29 *mars* 1887, ou par application d'une loi spéciale. le droit sur le blé sera réduit, les droits sur la farine et sur le pain subiront la réduction proportionnelle. »

La loi du 27 février 1894, qui nous régit à l'heure actuelle, a porté à 7 francs le droit sur le blé. Or la loi de 1894 est tout à fait muette à l'égard du pouvoir spécial du gouvernement qui nous occupe.

Il en fut néanmoins question dans les travaux préparatoires, à la Chambre, à propos d'un amendement présenté par M. Henry Cochin qui limitait l'action du gouvernement, dans l'hypothèse de l'article 1er de la loi de 1887, aux cas où le cours des blés dépasserait le prix de 30 francs le quintal. Il fut dit, à cette occasion, par l'auteur de l'amendement et par M. Viger, ministre de l'agriculture, que la disposition de 1887 n'ayant pas été abrogée était toujours en vigueur (1).

Il y avait là, à notre avis, une erreur. Si l'article 1er, § 2 et 3, de la loi du 29 mars 1887 était encore en vigueur, c'est, non parce qu'il n'avait pas été abrogé, mais parce

______

(1) Chambre, séance du 15 juin 1891, *Journ. Off.* du 16, p. 1260.

que la loi de 1891 n'était que partielle et que la loi de 1892 l'avait implicitement maintenu. En effet, cette disposition de 1887, par ses termes, montre bien qu'elle était spéciale à cette loi, et que, pour continuer à régir les lois ultérieures, elle devait être textuellement reproduite par ces lois.

A s'en tenir à une interprétation stricte des textes, étant donné le silence de la loi de 1894, on pourrait donc soutenir qu'il n'appartient plus au gouvernement d'abaisser ou de supprimer les barrières douanières à l'entrée des céréales, dans les circonstances exceptionnelles prévues en 1887 (1).

Admettre cette conclusion serait peut-être méconnaître la volonté du législateur et sacrifier l'esprit de la loi à sa lettre. Si on n'a pas reproduit en 1894 les termes de la loi de 1887, c'est — l'amendement de M. Henry Cochin en est la preuve — parce qu'on a pensé inutile de répéter une disposition qu'on croyait toujours en vigueur ; dès lors il serait rigoureux de donner à cette inadvertance du législateur cette conséquence que le gouvernement se trouve désarmé en face de situations graves où l'alimentation publique est intéressée.

La question n'est d'ailleurs pas discutée et on considère toujours comme possible la suspension ou la réduction des droits par décret. On en a fait l'an dernier une application qui a eu un certain retentissement, et tout

(1) Cassation, 20 janvier 1841, D. P. 41.1.91.

récemment M. Méline disait encore (1) à l'Assemblée générale annuelle de l'Association de l'industrie et de l'agriculture françaises : « Je vous en ai dit assez, en analysant cette question du blé, pour vous montrer combien notre régime économique se prête, par sa souplesse, à toutes les variations de la production. Il a été, en effet, démontré jusqu'à l'évidence, qu'il ne pouvait jamais être une cause de famine, puisque, à la dernière extrémité, il était toujours possible de supprimer les droits, de les diminuer ou de les suspendre. »

Voici dans quelles circonstances a été faite l'application de la loi de 1887 à laquelle M. Méline faisait allusion dans ce discours.

Dans le courant de l'année 1898, les blés atteignirent un cours très élevé et leur prix monta en quelques jours à 30, 33 et même 34 francs. Cette hausse tenait à des causes diverses.

Elle était due, d'abord, à un déficit à peu près général dans les récoltes du blé, notamment en France où déjà en 1897, le rendement avait été mauvais (2).

Cette situation était aggravée par la guerre, alors pendante entre l'Espagne et les États-Unis. Ces deux nations n'ayant ni l'une ni l'autre adhéré à la Convention de Paris, réglant le droit des neutres, on craignait que les arrivages des États-Unis ne fussent arrêtés par

______

(1) Voy. la *Réforme économique*, numéro du 12 mars 1899.
(2) A cette époque, le gouvernement sollicité déjà d'intervenir, s'y était refusé.

les belligérants et cette crainte persista malgré une déclaration formelle des deux pays de respecter les droits des tiers.

En outre, la plus grosse partie des stocks de blés aux États-Unis avait été accaparée par quelques spéculateurs, dont le plus audacieux fut un jeune américain, M. Joseph Leiter. dans le but de les écouler en Europe au plus haut prix possible, et ce syndicat à la hausse pesait lourdement sur les cours.

Enfin, comme on était à la veille des élections législatives, la politique s'était emparée de la question et la hausse du prix du pain était devenue une arme électorale contre le gouvernement.

Une enquête officielle démontra que dans les départements, les stocks étaient encore assez considérables mais avaient été vendus en grande partie au commerce, et que, dans ces conditions, une suspension ou une réduction des droits ne serait que médiocrement préjudiciable aux cultivateurs d'autant moins que vraisemblable·ment, les prix se maintiendraient à un taux assez élevé pour rémunérer les derniers détenteurs.

Le président du Conseil, ministre de l'agriculture, M. Méline estima qu'en tout cas, en présence de l'élévation du prix du blé et du pain, l'intérêt des producteurs devait céder devant celui des consommateurs, et qu'il y avait lieu d'user de la faculté concédée au gouvernement par la loi du 29 mars 1887.

La Commission permanente du conseil supérieur de

l'Agriculture, saisie de la question, s'était prononcée dans le même sens, à condition que la mesure fût limitée de manière à sauvegarder les intérêts des cultivateurs pour la récolte suivante. Elle avait à l'unanimité décidé qu'il y avait lieu :

De modifier les droits de douane sur les blés ;

De suspendre totalement les droits actuels ;

De limiter la suspension des droits de douane au 1er juillet.

En conséquence un décret du 3 mai 1898 suspendit les droits sur les blés en grains à dater du 4 mai jusqu'au 1er juillet, à l'expiration de ce délai le droit de 7 francs devant reprendre son empire.

Conformément à l'article 14 de la loi du 11 janvier 1892 ainsi conçu : « Chaque fois que, par application de l'article 1er de la loi du 29 mars 1887, ou par application d'une loi spéciale, le droit sur le blé sera réduit, les droits sur la farine et sur le pain subiront la réduction proportionnelle », un décret du 4 mai fit subir aux droits d'entrée sur les farines de froment, d'épeautre et de méteil et sur le pain des modifications équivalentes.

Malgré cette suppression des droits, le prix du blé resta élevé et ne subit de baisse sensible que quand s'effondra la colossale spéculation de Chicago (1).

(1) Cours du blé à Paris avant et après la suppression du droit :

2 mai	. . . .	32 fr.		
3 »	{ 2 heures.	31	»	75
	{ 6 heures.	29	»	25
4 »	. . . .	29	»	70
5 »	. . . .	30	»	35
6 »	. . . .	30	»	65
7 »	. . . .	30	»	25

En dépit d'une campagne menée par les libre-échangistes (1), les décrets de suspension ne furent pas pro-
rogés. Ils furent ratifiés par la Chambre, avant la
clôture de sa session, par 536 voix contre 9, et confirmés
par la loi du 23 décembre 1898.

Loi du 11 janvier 1892.

En 1892 la France abandonnait le régime des traités
de commerce qui la régissait depuis 1850 et où dominait
le principe de la liberté. Ce régime avait été inauguré
en 1860 par le fameux traité avec l'Angleterre qu'on a
appelé un coup d'État commercial et des conventions
semblables avaient été ensuite conclues avec presque
tous les États d'Europe.

Ces traités avaient été renouvelés deux fois quand
ils furent dénoncés en 1892, pour suivre le mouvement général des autres pays vers le protectionnisme
et pour achever l'évolution vers la protection déjà commencée pour les produits agricoles.

La loi du 11 janvier 1892, conçue dans cette pensée
de mettre notre industrie à l'abri de la concurrence
étrangère, a établi deux tarifs : un tarif *minimum* qui
est accordé aux pays qui font bénéficier nos produits de
concessions correspondantes et un tarif *maximum* qui

(1) Les importations furent considérables pendant toute la durée
de la suspension des droits. Depuis le 4 mai jusqu'au 20 juin, on
importa, en comprenant les stocks en entrepôt et les cargaisons en
cours de débarquement, 11.437.998 hectolitres.

est appliqué aux marchandises des pays qui ne consentent pas de réductions. Prévoyant le cas où, par mesure de représailles, un gouvernement étranger frapperait nos produits de prohibition ou de taxes spéciales, le législateur a voulu donner au pouvoir exécutif le moyen d'y répondre sans retard.

L'article 8 de la loi du 11 janvier 1892 a délégué, à cet effet, au gouvernement le droit d'appliquer des surtaxes aux marchandises originaires des pays qui appliqueraient des surtaxes à nos produits. Il lui a donné même le droit de prohiber complètement l'importation des marchandises provenant des pays qui appliqueraient ce régime à nos exportations, ces mesures devant être soumises à la ratification des Chambres, immédiatement, ou dès l'ouverture de leur session suivante, si elles ne sont pas réunies.

Il semble, d'après la généralité des termes de la loi de 1814, que cette disposition était inutile, toutefois, si on compare l'article 8 de la loi du 11 janvier 1892 avec l'article 34 de la loi de 1814, on voit qu'il en diffère à plusieurs points de vue :

D'abord, les circonstances dans lesquelles le gouvernement peut user du pouvoir qui lui est réservé par la loi de 1892 sont nettement déterminées : c'est une mesure de rétorsion, un tarif de représailles à opposer aux pays qui appliquent à nos marchandises un régime particulièrement rigoureux.

Autre différence, corollaire de la précédente : cette

mesure ne peut avoir une portée générale, elle est nécessairement restreinte à certains pays.

D'après la loi de 1814, en cas de prohibition, les denrées et marchandises qu'on justifie avoir été expédiées avant la promulgation des décrets, sont admises moyennant l'acquit des droits antérieurs à la prohibition. La loi de 1892 ne contient pas cette clause d'exemption.

Enfin la loi de 1814 impose au gouvernement l'obligation de présenter les dispositions prises à la ratification du Corps législatif, *avant la fin de sa session ou à sa session la plus prochaine, s'il n'est pas assemblé.* D'après la loi de 1892, cette ratification doit être demandée aux Chambres, *si elles sont réunies, immédiatement, sinon dès l'ouverture de la session suivante.*

Il y a donc intérêt, quand le gouvernement prend une mesure de surtaxe ou de prohibition, à distinguer s'il agit en vertu de la loi du 11 janvier 1892 (art. 8) ou en vertu de la loi du 17 décembre 1814 (art. 34).

En résumé, si nous examinons quelle était la situation du cadenas en 1897, nous voyons que les lois suivantes étaient en vigueur :

La loi du 17 décembre 1814 (art. 34), applicable à tous les produits sauf aux grains, aux farines et à quelques autres denrées énumérées par la loi du 15 juin 1861 (art. 4, § 2) et permettant : 1° de prohiber l'entrée des produits étrangers ou d'augmenter les droits à leur importation ; 2° de diminuer les droits sur les matières premières ; 3° de suspendre l'exportation des produits du sol et de l'industrie nationale ;

La loi du 29 mars 1887 (art. 1er, § 2 et 3), applicable aux céréales et permettant au gouvernement, en l'absence des Chambres et dans les circonstances exceptionnelles, de suspendre en tout ou en partie les droits à leur entrée ;

La loi du 11 janvier 1892 (art. 8) applicable à tous les produits, même aux grains, aux farines et autres denrées visées par la loi du 15 juin 1861 (art. 4, § 2) mais réservée pour des circonstances spéciales, comme représailles vis-à-vis des pays étrangers traitant défavorablement notre industrie ;

Observons qu'en ce qui concerne les sucres la loi du 17 décembre 1814 avait été complétée par les lois du 3 juillet 1840 (art. 4) et du 7 avril 1897 (art. 11 et 12).

Tel était le régime déjà complexe du cadenas quand est intervenue la loi du 13 décembre 1897 qui fait l'objet du chapitre suivant.

CHAPITRE VI

LOI DU 13 DÉCEMBRE 1897.

On se rappelle que la loi du 15 juin 1861 avait soustrait les grains, les farines et quelques autres denrées
à la prérogative accordée au gouvernement en 1814.
Cette loi, conçue dans un esprit libre-échangiste, était
devenue caduque quand la loi du 11 janvier 1892 avait
définitivement substitué au régime du libre-échange,
qui nous régissait depuis 1860, un système de tarifs
très protecteurs.

C'est ce que l'expérience ne tarda pas à montrer. On
remarqua bientôt que les lois relevant les droits à
l'entrée des blés étrangers manquaient leur but, para-
lysées par des spéculations que favorisaient les lenteurs
de leur formation, et attendaient un temps plus ou
moins long avant de produire l'effet voulu par le législateur. On comprit dès lors l'intérêt qu'il y aurait à
pouvoir appliquer aux céréales les mesures que la loi
de 1814 permettait de prendre pour les autres produits
et à restituer au gouvernement la faculté de mettre
immédiatement et provisoirement en application les
projets de loi relevant les droits de douane sur les grains
et farines.

Telle est la pensée qui a inspiré la loi du 13 décembre 1897 qui, dans l'esprit de ceux qui en prirent l'initiative, est apparue comme le complément nécessaire de notre législation protectrice, ou plutôt comme un moyen indispensable d'assurer son esprit et de lui donner sa portée.

C'est au commencement de 1894 que la question se posa, à la veille du relèvement du droit sur les blés à 7 francs. On prévoyait déjà que les importateurs avaient pris leurs précautions et que la loi qui allait venir en discussion ne produirait son effet qu'à une date éloignée. On cherchait, pour l'avenir, à empêcher le retour de ces spéculations.

A la séance du 16 janvier, M. Ed. Caze, député, déposa une proposition de loi spéciale dont voici l'article unique (1) :

« Provisoirement, à dater de la promulgation de la présente loi et jusqu'au vote définitif à intervenir sur les modifications proposées au droit de douane des blés et farines, le ministre des finances est autorisé à percevoir sur les froment, méteil, épeautre et farine étrangers, en outre des droits inscrits au tarif général, un droit supplémentaire égal aux dits droits. »

Le 30 janvier, une autre proposition fut déposée à la Chambre par M. Plichon et plusieurs de ses collègues,

______

(1) Exposé des motifs, *Journ. Off.*, Chambre, *Documents parlementaires* de 1894, p. 49.

sensiblement semblable à la précédente, mais avec une portée générale (1). En voici les termes :

« Dès le dépôt sur le bureau de l'une des deux Chambres d'un projet ou d'une proposition de loi tendant à relever les droits de douane sur les céréales, le ministre des finances peut être autorisé, par un décret rendu en conseil des ministres, à percevoir pendant trois mois sur lesdites céréales et leurs dérivés, un droit de douane provisoire égal au double du droit de douane existant antérieurement et dont la liquidation sera effectuée aussitôt la promulgation ou le rejet de la loi, et conformément à la loi existante. »

Cette proposition fut reprise par son auteur à la séance du 21 février (2) et proposée par lui comme article additionnel à la loi portant le droit à 7 francs. Toutefois, en soutenant cet amendement, M. Plichon déclara y apporter une modification : « Je ne demande pas, dit-il, que le droit de douane provisoire soit porté au double, mais simplement qu'il puisse être élevé jusqu'à concurrence du double. » Le ministre de l'agriculture demanda le renvoi de l'amendement à la commission des douanes, pour y être examiné en même temps qu'un projet de loi de cadenas déposé par lui quelques jours auparavant.

C'est le 1er février qu'avait été déposé par M. Marty,

(1) Exposé des motifs, *Journ. Off.*, Chambre, *Documents parlementaires* de 1894, p. 103.
(2) Chambre, séance du 21 février 1894, *Journ. Off.* du 22, p. 316.

ministre du commerce et de l'industrie, et par M. Viger, ministre de l'agriculture, un projet de loi autorisant le gouvernement à rendre provisoirement applicables, par décrets, les dispositions des projets de loi portant relèvement des droits de douane, à partir de leur dépôt. Il était ainsi conçu (1) :

ART. 1ᵉʳ. — Le gouvernement est autorisé à rendre provisoirement applicables, par décrets rendus en conseil des ministres, les dispositions des projets de loi présentés par lui et portant relèvement des droits de douane, dès que ces projets auront été déposés.

ART. 2. — Dans le cas où les projets de loi seraient retirés par le gouvernement, ou rejetés par les Chambre, ou si la quotité des droits définitivement votés était inférieure à celle des droits proposés par le gouvernement et provisoirement perçus, il sera tenu compte aux importateurs de la différence payée en trop. Un règlement d'administration publique déterminera les conditions dans lesquelles sera effectué ce remboursement.

A la séance du 12 février, M. Castelin demanda à la Chambre de voter la loi de cadenas avant le relèvement du droit à 7 francs, parce que c'était la seule condition de rendre celui-ci efficace. L'ajournement fut prononcé, parce que, de l'aveu du président de la commission des douanes et du ministre du commerce, les spé-

____

(1) Exposé des motifs, *Journ. Off.*, Chambre, *Documents parlementaires* de 1894, p. 123.

culations ayant déjà fait leur œuvre, il n'était plus temps
de les entraver.

Le cadenas était quelque peu tombé en oubli, quand
il fut repris par le ministère présidé par M. Bourgeois.
Le président du conseil y fit une allusion directe dans la
déclaration du gouvernement (1) : « Nous n'entendons
pas, dit-il, toucher au régime économique qu'ont obtenu
notre agriculture et notre industrie. Nous vous deman-
derons seulement les mesures complémentaires desti-
nées à défendre nos cultivateurs contre certaines spéculations internationales. »

Le 1er juillet 1895, M. Castelin déposa la proposition
de loi suivante (2) :

« L'article 1er de la loi du 29 floréal an X et l'article 34, titre V, de la loi du 17 décembre 1814 sont et
demeurent rétablis. »

Nous ne voyons pas quelle eût pu être l'économie
d'une loi semblable, en ce qui concerne la loi du 13 décembre 1814 dont l'article 34 a été, il est vrai, modifié
en 1861, mais n'a jamais cessé d'être en vigueur. Nous
aurions mieux compris une proposition que nous retrouverons plus tard et ayant pour but, par l'abrogation de la loi de 1861, de restituer à celle de 1814 toute
son ampleur.

(1) Chambre, séance du 4 novembre 1895, *Journ. Off.* du 5,
p. 2267.

(2) Exposé des motifs, *Journ. Off.*, Chambre, *Doc. parlementaires*
de 1895, p. 831.

Nous comprenons encore moins la disposition qui nous occupe quand elle propose le rétablissement parallèle de la loi de floréal an X et de l'article 34 de la loi de 1814. Ces deux textes nous paraissent inconciliables, l'un étant absolu et l'autre strictement limitatif dans ses termes. — Observons que cette proposition rendait la loi de l'an X plus absolue encore, puisqu'elle supprimait l'article 2 relatif à *la ratification des Chambres*.

Il ne semble pas, il est vrai, que les auteurs de ce projet se soient placés à ce point de vue quand on lit dans l'exposé des motifs, cette phrase que nous estimons erronée : « C'est, du reste, la *copie textuelle de floréal an X, qui a été introduite dans la loi du* 17 *décembre* 1814 *sous l'article* 34, *titre* V. » Mais si ces deux textes sont identiques, ne vont-ils pas faire double emploi ? Pourquoi, dès lors, ne pas se borner à en rétablir un seul ?

Dans les deux cas notre étonnement est donc aussi grand.

Présentée ensuite, à la Chambre, comme amendement au projet de loi qui est devenu la loi du 13 décembre 1897, bien qu'elle en fût plutôt un contre-projet, cette proposition ne fut pas soutenue. M. Castelin déclara, en son nom et au nom des députés qui l'avaient signée avec lui, se rallier au projet de la commission (1).

____

(1) Chambre, séance du 2 juillet 1897, *Journ. Off.* du 3, p. 1789.

C'est seulement le 9 juillet 1896 que fut déposé le rapport fait au nom de la commission des douanes sur le projet de loi autorisant le gouvernement à rendre provisoirement applicables, par décrets, les relèvements des droits de douane prévus par un projet de loi.

Le projet de 1894 sortit de ce long travail, complètement remanié.

Les Chambres de commerce s'étaient prononcées contre le cadenas, notamment la Chambre de Paris, Orléans, Nancy, Fourmies, St-Chamond, Reims, Lyon, Dieppe, Mont-de-Marsan, Rouen. Le Conseil supérieur du commerce, sous la présidence de M. Mesureur, s'était de même prononcé, à la majorité de 24 voix contre 10, contre le principe du cadenas.

En revanche, la plupart des sociétés et syndicats agricoles avaient demandé cette mesure, que le Conseil supérieur de l'agriculture, consulté, avait également réclamée à l'unanimité.

La commission des douanes, faisant droit aux réclamations du commerce et de l'industrie, avait restreint le projet de loi aux céréales et leurs dérivés, aux vins, aux bestiaux et viandes fraîches (1). « La réforme est ainsi renfermée, dit le rapport (2), dans de justes limites. Elle ne vise que les produits agricoles, puisque

(1) M. Renault-Morlière, Chambre, séance du 2 juillet 1897, *Journ. Off.* du 3, p. 1462 ; séance du 2 juillet 1897, *Journ. Off.* du 3, p. 1792 ; séance du 9 juillet 1897, *Journ. Off.* du 10, p. 1917 et 1914.

(2) Chambre, *Journ. Off., Documents parlementaires* de 1896, p. 1312.

ceux-là seulement ont été frappés par l'article 4 de la
loi du 15 juin 1861 ; elle ne vise même que les principaux de ces produits. » Ainsi, telle que le gouvernement
l'avait sollicitée, sa prérogative s'étendait à tous les
produits industriels et agricoles, et la commission la
proposait seulement pour quelques-uns de ces derniers.
Nous avons déjà remarqué cette tendance restrictive en
1814, et, à 80 ans d'intervalle, nous retrouvons les
mêmes manœuvres.

La commission apportait en outre une autre innovation : elle reprochait au projet de permettre au gouvernement d'agir par voie de décret, trouvant ce procédé
inutile et dangereux, parce que, le mal étant toujours
le même, le pouvoir exécutif ne devait pas avoir la
faculté d'user ou de ne pas user du cadenas. En conséquence, tout projet de loi devenait, par le fait même
de son dépôt, exécutoire, après insertion au *Journal
Officiel*.

On reprochait, de plus, aux décrets de ne pas être
immédiatement exécutoires sur toute l'étendue du territoire et la commission demandait que dès le lendemain
du dépôt du projet de loi, les droits supplémentaires
soient aussitôt perçus, dès l'ouverture des bureaux.

Enfin on avait ajouté, dans un article supplémentaire, ce qu'on appelle la clause d'exemption pour les
marchandises en cours de route.

Le gouvernement s'étant rallié au texte de la commission, voici le projet qui fut soumis aux Chambres.

Art. 1er. — Tout projet de loi présenté par le gouvernement et tendant à un relèvement des droits de douane sur les céréales ou leurs dérivés, les vins, les bestiaux ou viandes fraîches de boucherie, sera inséré au *Journal Officiel* à la suite du compte rendu de la séance où il aura été déposé. Le jour même de cette insertion, dès l'ouverture des bureaux, les nouveaux droits seront applicables à titre provisoire.

Art. 2. — Les marchandises énumérées à l'article 1er conserveront toutefois le bénéfice de l'ancien tarif, lorsqu'il sera justifié qu'à une date antérieure au dépôt du projet de loi, elles ont été embarquées directement pour un port français, ou mises en route directement d'Europe à destination de France (1).

Art. 3. — Le supplément de taxe provisoirement perçu et consigné à la douane ne sera définitivement acquis au Trésor public qu'après le vote de la loi. Si le projet du gouvernement était retiré, ou rejeté par les Chambres, ou adopté seulement en partie, la différence entre le droit perçu et celui qui serait légalement maintenu ou établi, sera remboursée aux déclarants. »

La commission s'était inspirée dans la rédaction de

---

(1) Cet article, ajouté par la Commission, ne visait d'abord que les marchandises « embarquées directement pour un port français » ne prévoyant ainsi que le transport maritime qui est la voie normale des blés exotiques, mais il fut ajouté plus tard « ou mises en route directement à destination de France ». Comme on le voit, les denrées en entrepôt et les marchés à terme ne sont pas compris dans cette disposition.

l'article 1er de cette double idée : rendre le cadenas obligatoire et associer la Chambre à cette mesure, celle-ci pouvant par une discussion immédiate arrêter les effets du projet de loi. Mais l'article 1er ne conserva pas longtemps sa teneur primitive. Il fut vivement attaqué, en effet, sur le terrain constitutionnel, comme contraire aux principes essentiels de la promulgation et de la publication.

Au point de vue de la promulgation, on lui opposa que les lois constitutionnelles ne prévoyaient pas la promulgation d'un projet de loi.

L'article 7, § 1, de la loi du 16 juillet 1875 est ainsi conçu : « Le président de la République promulgue les lois dans le mois qui suit la transmission au gouvernement de la loi définitivement votée. »

D'autre part, aux termes de l'article 1er du Code civil, « les lois sont exécutoires dans tout le territoire français, en vertu de la promulgation qui en est faite par le roi ».

Enfin le décret du 5 novembre 1870, article 1er, dit que « dorénavant, la promulgation des lois et des décrets résultera de leur insertion au *Journal Officiel de la République française*, lequel, à cet égard, remplacera le *Bulletin des lois*. »

Il n'est donc pas question dans ces textes des projets de loi ; c'est que, comme l'a fort bien dit M. Charles Roux (1), « *pour qu'il y ait promulgation, il faut qu'il y*

(1) Chambre, séance du 11 juin 1897, *Journ. off.* du 12, p. 1462.

ait quelque chose à promulguer. Or un projet de loi est inexistant à la fois du chef du gouvernement, qui ne peut lui donner constitutionnellement aucune valeur pratique, fût-elle éphémère, et du chef du Parlement, qui, lié également par la Constitution, ne saurait conférer la moindre vigueur à un texte, *en dehors de l'accomplissement des règles qui lui sont imposées à lui-même par les lois constitutionnelles.* »

On fit un autre reproche à l'article 1ᵉʳ et celui-ci concerne la publication. Quand une loi, en effet, a été *promulguée,* elle est *exécutoire,* mais elle n'est *obligatoire* qu'après qu'elle a été portée à la connaissance des citoyens, c'est-à-dire après qu'elle a été *publiée.* La publication est réputée parfaite après un certain délai fixé par l'article 1ᵉʳ du Code civil, si la promulgation a été rendue publique par insertion au *Bulletin des Lois*, et par l'article 2 § 1 du décret du 5 novembre 1870, si l'insertion a eu lieu au *Journal officiel.*

Le décret de 1870 prévoit la publication en cas d'urgence et dispose que le gouvernement, par une disposition spéciale, peut ordonner l'exécution immédiate d'un décret. Mais l'article 3 ajoute que « les préfets et sous-préfets prendront les mesures nécessaires pour que les actes législatifs soient imprimés et affichés partout où besoin sera ». Cette disposition, étant principale et isolée, s'applique à la publication normale, comme à la publication exceptionnelle. Or le projet disait simplement que le jour même de l'insertion au *Journal officiel* du projet de loi, les nouveaux droits seraient applicables.

Le rapporteur (1) répondit à ces critiques par la théorie suivante que nous croyons devoir reproduire textuellement : « Je ferai remarquer qu'il ne s'agit pas, à proprement parler, d'autoriser une perception de droits, il s'agit d'une perception à titre provisoire, ce qui, dans la langue financière, n'est plus une perception, puisque le droit n'entre pas dans les caisses de l'État. Il s'agit, comme le porte le texte même, d'une simple consignation à la douane, d'un supplément de droit qui reste simplement consigné et porté sur un compte à part qui ne figure pas en recettes au budget et ne produit aucun intérêt au profit du Trésor. Ce n'est donc là qu'une mesure tout à fait provisoire qui n'a rien de commun avec une perception financière. On nous dit : « Mais voilà un projet de loi qui, dès qu'il est déposé, produit un effet législatif ! » Pas le moins du monde ; ce n'est pas en vertu du dépôt du projet de loi du gouvernement que la taxe supplémentaire sera perçue ; vous confondez le délai à partir duquel cette taxe sera perçue avec la cause qui rend la perception légale. Le dépôt du projet de loi est bien le départ du délai ; mais la cause de la perception, l'acte qui la rend régu-

____

(1) M. Renault-Morlière, Chambre, séance du 11 juin 1897, *Journ. off.* du 12, p. 1462 et 1463 ; Comp. M. Graux, Chambre, séance du 18 juin 1897, *Journ. off.* du 19, p. 1569.

lière, c'est le vote de loi que nous vous demandons d'émettre aujourd'hui. »

Cette argumentation était assurément remarquable par sa subtilité, mais elle partait d'un principe faux. Que le dépôt du projet de loi ait pour conséquence une simple consignation à la douane ou une véritable perception financière, peu importe, puisqu'un projet de loi, de par la Constitution même, ne peut produire *aucun effet* (1).

Il est probable que la commission elle-même n'était pas bien convaincue, car, au cours des débats, une nouvelle rédaction de l'article 1er fut soumise à la Chambre, dont voici les termes :

Ancien article 1er.	*Nouvel article* 1er.
Tout projet de loi présenté par le gouvernement et tendant à un relèvement des droits de douane sur les céréales ou leurs dérivés, les vins, les bestiaux ou viandes fraîches de boucherie sera inséré au *Journal officiel* à la suite du compte rendu de la séance où il aura été déposé. Le jour même de cette insertion, dès l'ouverture des bureaux, les nouveaux	Tout projet de loi présenté par le gouvernement et tendant à un relèvement des droits de douane sur les céréales ou leurs dérivés, les vins, les bestiaux ou viandes fraîches de boucherie sera suivi d'un décret dont une disposition spéciale ordonnera l'exécution immédiate. Le gouvernement prendra les mesures nécessaires pour que ce décret, dès le lendemain

(1) Les conséquences de cette théorie ont été indiquées par M. Wahl, *Le protectionnisme et ses nouvelles manifestations. Revue du droit public et de la science politique* (novembre-décembre 1897), p. 473 et 474.

droits seront applicables à titre-provisoire.

de la présentation du projet de loi, soit inséré au *Journal officiel* et affiché avant l'ouverture des bureaux de la douane. Aussitôt après la publication et l'affichage ci-dessus prescrits, les nouveaux droits seront applicables à titre provisoire.

Nous aurons à voir, quand nous ferons la critique de la loi de 1897, dans quelle mesure ce nouveau texte est plus conforme que l'ancien aux principes du droit public.

La discussion générale de la loi, à la Chambre, commencée le 11 juin 1897 et continuée les 18 et 25 juin, ne fut close que dans la séance du 2 juillet. Pendant ces longs débats on fit valoir pour et contre le cadenas la plupart des arguments que nous avons déjà exposés et sur lesquels nous ne reviendrons pas.

Deux contre-projets furent soumis à la Chambre.

Nous ne parlerons que pour mémoire du premier qui n'est autre que la proposition de loi de M. Castelin, tendant au rétablissement de la loi de 1814 (art. 34). Cette proposition reprise comme amendement — en réalité comme contre-projet — fut retirée avant sa mise aux voix (1).

Toutefois la question du rétablissement pur et simple de la loi de 1814 fut également soulevée par

______

(1) Chambre, séance du 2 juillet 1897, *Journ. off.* du 3, p. 1789.

M. Charles Roux (1) à plusieurs reprises. « Vous n'avez, dit-il notamment, qu'à abroger la loi de 1861 et à mettre en vigueur la loi de 1814. Vous pourrez alors vous dispenser de faire voter la loi que vous proposez. » Il lui fut répondu que cette loi contenait de trop graves lacunes et ne prévoyait pas la restitution des droits (2).

Un autre contre-projet fut présenté par M. Jumel (3). Il était ainsi conçu :

« Remplacer l'article 1er du projet de loi par la disposition suivante : « Tout projet de loi présenté par le gouvernement et tendant à un relèvement des droits de douane sur les céréales ou leurs dérivés, les vins, les bestiaux ou viandes fraîches de boucherie, sera immédiatement mis en discussion, toutes autres affaires cessantes, et la délibération se poursuivra sans désemparer jusqu'au vote définitif du projet de loi par l'une et l'autre Chambres.

« Le projet de loi sera suivi d'un décret dont une disposition spéciale interdira toute admission en douane du produit soumis à discussion, jusqu'à la promulgation de la loi délibérée par les deux Chambres.

« Le gouvernement prendra les mesures nécessaires

(1) Chambre, séance du 11 juin 1897, *Journ. off.* du 12, p. 1460 — séance du 18 juin, *Journ. off.* du 19, p. 1569.

(2) Voy. Discours de M. Viger, Chambre, séance du 25 juin 1897, *Journ. off.* du 26, p. 1676 et 1677. Comp. Discours de M. Renault-Morlière, Chambre, séance du 11 juin 1897, *Journ. off.* du 12, p. 1462.

(3) Chambre, séance du 2 juillet 1897, *Journ. off.* du 3, p. 1789, 1790 et 1791.

pour que ce décret, dès le lendemain de la présentation
du projet de loi, soit inséré au *Journal officiel* et affiché
avant l'ouverture des bureaux de la douane. »

L'auteur de ce contre-projet laissait subsister l'art. 2
du texte de la Commission, qui ne le gênait nullement,
mais supprimait l'article 3 prévoyant le remboursement.
C'est même dans le but d'éviter la restitution des droits
que cette disposition fut présentée. Elle se résumait en
ceci. Après le dépôt du projet de loi par le gouvernement, la Chambre, interrompant les discussions en
cours, commençait aussitôt l'examen du projet, « sans
désemparer », c'est-à-dire en tenant au besoin des
séances de nuit. Aussitôt après le vote à la Chambre, le
projet était transmis au Sénat qui, lui aussi, devait le
discuter « sans désemparer » ; en attendant, toute importation des denrées visées par les nouveaux droits
restait interdite. Cette proposition était donc radicale
et si on l'avait admise, le mot de « cadenas » n'eût plus
été une expression mal choisie et illusoire. L'auteur
affirmait que cette fermeture des guichets de la douane
durerait au plus vingt-quatre heures, voire même six
ou sept heures.

Comme l'a fait remarquer le rapporteur, il est peu
probable qu'un pareil tour de force ne demande pas
plus de vingt-quatre heures, et dans le cas où la discussion durerait plusieurs jours ou plusieurs semaines, la
prohibition des importations ne serait pas sans avoir
les plus graves inconvénients.

« Ce projet, dit M. Wahl (1), n'aurait donné lieu à aucune objection d'ordre constitutionnel. On conçoit cependant que cette proposition n'ait pas trouvé faveur auprès de la Chambre ; arrêter les importations d'une denrée, surtout d'une denrée indispensable à l'alimentation, est peut-être le meilleur moyen d'arrêter la spéculation, mais ce résultat n'est obtenu qu'au détriment d'intérêts capitaux. »

A la discussion des articles, commencée dans la séance du 2 juillet, un certain nombre d'amendements furent déposés, que nous allons examiner successivement.

Sur l'article 1ᵉʳ, M. Milochau proposa d'étendre la loi au *riz* qui est bien une céréale, mais que l'administration des douanes classe dans une autre catégorie (2). La seule raison qu'on invoqua pour repousser cette

(1) Article déjà cité.

(2) L'administration des douanes considère comme céréales : le blé froment, l'épeautre ou blé velu (grande et petite épeautre, engrain ou ingrain), le méteil, le seigle, le maïs dit aussi blé d'Espagne ou de Turquie, l'orge (orge ordinaire, escourgeon, orge céleste ou de Jérusalem, orge sans balles), l'avoine et le sarrazin ou blé noir. Sont considérés comme dérivés des céréales : les farines de froment, y compris les grains concassés et les boulanges renfermant plus de 10 p. 100 de farine, les farines d'avoine, d'orge, de seigle, de maïs, de sarrazin, l'orge germée (malt), le pain, le biscuit de mer et les produits assimilés, les gruaux, les semoules en gruaux (grosses farines), les grains perlés et mondés, les semoules en pâte et les pâtes d'Italie, les amidons de toute sorte, le pain d'épice, la dextrine et autres produits dérivés des amidons ou autres amylacés. — Extrait du rapport de M. Renault-Morlière à la Chambre.

extension, fut que le cadenas avait été restreint aux quelques produits visés pour donner une satisfaction partielle aux nombreuses réclamations qu'il avait suscitées et que cette concession ne manquerait pas de les faire renaître (1).

M. Charles Roux proposa également une addition à l'article 1er : elle consistait à ajouter après les mots « ou viandes fraîches de boucherie » les mots « sera discutée immédiatement », c'est-à-dire que les Chambres devaient voter d'urgence sur le projet de loi soumis à une application provisoire (2). Cette disposition, dans l'esprit de son auteur, était destinée à associer plus étroitement le Parlement à la mesure du cadenas et à empêcher que, le projet de loi étant discuté à une date éloignée, le remboursement ne devienne, disait-il, impossible.

Il fut répondu par le Rapporteur que cet amendement était sans objet parce que les Chambres avaient toujours le droit de demander l'urgence et la discussion immédiate, bien que nos mœurs parlementaires rendent cette discussion immédiate bien hypothétique. L'amendement ne fut pas pris en considération (3).

Nous le retrouvons plus tard, présenté par son auteur sous une autre forme, comme addition à l'article 3, en ces termes :

(1) Chambre, séance du 2 juillet 1897, *Journ. off.* du 2, p. 1791.
(2) Comp. le contre-projet de M. Jumel.
(3) Chambre, séance du 2 juillet 1897, *Journ. off.* du 3, p. 1792 et 1793.

« Le délai qui pourrait s'écouler entre le décret en-
traînant la perception provisoire d'un supplément de
taxe et le vote définitif par les Chambres n'excédera
pas un mois, à dater du jour du dépôt du projet de loi.

« En cas d'absence des Chambres, elles auront à se
prononcer dans la première quinzaine suivant leur rentrée (1). »

Cette addition avait été adoptée par la Commission,
à une faible majorité, mais elle fut rejetée.

Outre que cette proposition n'avait aucune sanction
pratique, elle était inconstitutionnelle, le Parlement ne
pouvant « se lier les mains à lui-même, en fixant un
délai dans lequel il devrait nécessairement avoir achevé
sa besogne législative (2) ».

Quant au deuxième paragraphe, il supposait qu'un
projet de loi peut être déposé en l'absence des Chambres.

Sur l'article 2, M. Siegfried déposa l'amendement
suivant : « Les marchandises énumérées à l'article 1er
conserveront toutefois le bénéfice de l'ancien tarif,
lorsqu'il sera justifié qu'à une date antérieure au dépôt
du projet de loi elles ont fait l'objet de marchés authentiquement établis ou été embarquées directement pour
un port français, ou mises en route directement d'Europe à destination de France.

(1) Chambre, séance du 9 juillet 1897, *Journ. off.* du 10, p. 1910.
(2) Voy. discours de MM. Renault-Morlière, Viger et Delpeuch,
Chambre, séance du 9 juillet 1897, *Journ. off.* du 10, p. 1911 et
1912.

« Le droit spécial d'enregistrement des marchés sera le droit fixe établi par la loi du 11 juin 1859 (1). »

Le rapporteur fit remarquer que si l'embarquement, fait matériel, était facile à constater, les marchés à livrer passés devant courtier ou devant notaire pouvaient être fictifs et que l'extension de l'article 2 aux marchés authentiquement établis risquerait de rendre inutile l'article 1er.

Le droit d'enregistrement fixé à 3 fr. 75, quelle que soit la valeur du marché, n'était pas suffisant pour mettre obstacle à ces spéculations, et l'auteur de l'amendement, lui-même, avait reconnu qu'il était impossible de maintenir les termes de la loi du 11 juin 1859 exigeant, outre un droit fixe de 3 fr. 75, un droit proportionnel de 2 fr. 50 0/0, lors de « l'utilisation du marché ».

L'amendement mis aux voix ne fut pas adopté (2).

Ultérieurement, une disposition semblable fut présentée sans plus de succès par M. Carnaud. En voici les termes :

« Les achats à terme enregistrés avant la publication au *Journal officiel* du décret faisant suite au dépôt d'un projet de loi frappant de surtaxe une denrée quelconque ne seront pas soumis à cette surtaxe (3). »

L'article 3, qui prévoit le remboursement, a donné

---

(1) Chambre, séance du 2 juillet 1897, *Journ. off.* du 3, p. 1793.
(2) Chambre, séance du 2 juillet 1897, *Journ. off.* du 3, p. 1795.
(3) Chambre, séance du 9 juillet 1897, *Journ. off.* du 10, p. 1916.

lieu à de vives critiques, tant à la Chambre qu'au Sénat où ce fut même le seul article discuté.

A la Chambre, M. Mirman proposa l'amendement suivant : « Si le projet du gouvernement était retiré ou rejeté par les Chambres, ou adopté seulement en partie, les sommes provenant de la différence entre le droit perçu et celui qui serait légalement maintenu ou établi seraient immédiatement employées à une œuvre d'assistance publique ou de solidarité qu'une décision spéciale des Chambres déterminerait. »

L'amendement de M. Mirman qui aboutissait, en définitive, à une non-restitution déguisée, fut repoussé avec une disposition additionnelle de M. Jumel ainsi conçue : « ...et notamment à la constitution et à l'aliénation d'une caisse de secours pour les sinistres agricoles » (1).

Différentes dispositions additionnelles à la loi furent soumises à la Chambre.

La première, de M. Des Rotours, rendait « les dispositions édictées par la présente loi également applicables aux projets tendant à l'établissement ou au relèvement des droits de douane sur les viandes salées de toutes espèces, les conserves alimentaires, les graines et fruits oléagineux » (2).

---

(1) Chambre, séance du 9 juillet 1897, *Journ. off.* du 10, p. 1905 et s.

(2) Chambre, séance du 9 juillet 1897, *Journ. off.* du 10, p. 1912.

Cette addition fut repoussée pour les mêmes raisons que l'amendement de M. Milochau.

Enfin de discussion, MM. J. Dansette et Marcel Habert présentèrent l'article additionnel suivant :

« Le vote par la Chambre d'un relèvement de droits de douane non prévu par un projet de loi déposé par le gouvernement et portant sur l'un des produits énumérés à l'article 1er entraînera les mêmes conséquences que le dépôt d'un projet de loi.

Dans ce cas, les délais prévus aux articles 1 et 2 courront à partir du vote de la Chambre (1). »

Cet amendement a été repoussé, et avec raison :

Les votes de la Chambre sont, en effet, parfois inspirés par des préoccupations d'ordre politique et des circonstances momentanées.

Ajoutons que les décisions de la Chambre n'offrant pas toujours les mêmes garanties de maturité et d'à-propos qu'un projet de loi, sont moins assurées de trouver approbation au Sénat.

C'eût été enfin exagérer les prérogatives de la Chambre en matière financière, que de donner force exécutoire à une décision émanant d'elle seule, et, sous ce rapport, c'eût été toucher à la Constitution.

La loi fut votée à la Chambre, le 9 juillet, par 425 voix contre 110.

Venue en discussion au Sénat, le 10 décembre, elle fut également votée à une énorme majorité (224 voix contre

(1) Chambre, séance du 9 juillet 1897, *Journ. off.* du 10, p. 1914.

20). L'article 1ᵉʳ et l'article 2 furent adoptés sans observation, seul l'article 3 fut discuté (1).

Moins d'un an après sa promulgation, il a été fait une
application de cette loi dans les circonstances suivantes :

A la fin de 1898, à la suite de pourparlers engagés
depuis deux ans, au lendemain de la convention de
1896, qui régla nos relations avec l'Italie en Tunisie,
un accord fut conclu entre les gouvernements français
et italien, d'après lequel chacun d'eux devait demander aux Chambres d'accorder le bénéfice de la clause
de la nation la plus favorisée aux produits de l'autre
pays. C'était la fin de la guerre de tarifs entre la France
et l'Italie. Il s'agissait pour nous d'accorder notre
tarif minimum, en échange d'un tarif réduit à l'entrée
de nos produits en Italie.

Nous avions convenu, dans les négociations prélimi-
naires, que les soieries resteraient en dehors de cette
convention, afin de ne pas sacrifier l'industrie lyonnaise,
déjà éprouvée par un précédent traité avec la Suisse.

D'autre part, le Cabinet de Rome avait été prévenu
qu'avant la conclusion de l'accord, les droits sur les
vins seraient relevés, notre tarif minimum ayant été
jugé insuffisant.

A cet effet, en même temps qu'il déposait un projet
de loi tendant à autoriser la concession de notre tarif

---

(1) Sénat, séance du 10 décembre 1897, *Journ. offic.* du 11,
p. 1402.

minimum à l'Italie, à l'exception des soies et soieries, le gouvernement déposait un autre projet de loi relevant dans des proportions notables notre tarif à l'importation des vins et modifiant en même temps le mode de taxation (1). Ce projet tombait sous l'application de l'article 1ᵉʳ de la loi du 13 décembre 1897.

En conséquence, le jour même du dépôt de ce projet de loi à la Chambre, 21 novembre, un décret signé par les Ministres du commerce, de l'agriculture et des finances ordonna l'application des nouveaux droits.

En voici la teneur :

Le Président de la République française,

Vu la loi du 13 décembre 1897 ;

Vu le projet de loi déposé ce jour par le gouvernement sur le bureau de la Chambre des députés, contenant la disposition suivante :

Le n° 171 du tableau A annexé à la loi du 11 janvier 1892 est modifié comme suit :

N° 171. Vins provenant exclusivement de la fermentation des raisins frais.

____

(1) Chambre, séance du 21 novembre 1898, *Journ. off.* du 22, p. 2337.

	TARIF GÉNÉRAL	TARIF MINIMUM
De 12 dé-grés et au-dessous.	25 francs par hectolitre de liquide.	12 francs par hectolitre de liquide.
De 12° 1 et au-dessus.	Même droit pour les 12 premiers degrés, augmenté pour chaque degré ou fraction de degré en sus (a) d'une taxe de douane égale au montant de la taxe de consommation sur l'alcool.	Même droit pour les 12 premiers degrés, augmenté par chaque degré ou fraction de degré en sus (a) d'une taxe de douane égale au montant de la taxe de consommation sur l'alcool.

Décrète :

ARTICLE 1er. — Les droits portés au projet de loi ci-dessus seront appliqués, à titre provisoire, à partir du 22 novembre 1898, après la publication et l'affichage dans les conditions fixées par l'article 1er de la loi susvisée.

ART. 2. — Les ministres du commerce, de l'industrie, des postes et des télégraphes, de l'agriculture et des finances, sont chargés, chacun en ce qui le concerne, de l'exécution du présent décret, qui sera au *Journal Officiel* et au *Bulletin des lois* (1).

(a) Pour les vins titrant de 12 à 15°, chaque dixième de degré paye une taxe de douane égale au dixième de la taxe de consommation sur l'alcool.

Pour les vins titrant plus de 15°, toute fraction de degré entraine la perception du droit afférent au degré supérieur.

(1) *Journal officiel* du 22 novembre 1897, p. 7075.

C'est un lundi que fut déposé le projet de loi et signé le décret précédent ; or, dès le dimanche, le ministre des finances avait envoyé à tous les directeurs des bureaux de douane, sous pli cacheté, le nouveau tarif sur les vins, avec mission de l'appliquer sitôt qu'ils en recevraient l'ordre par dépêche.

Le lundi, une fois le dépôt du projet effectué sur le bureau de la Chambre, à 6 heures du soir, il fut télégraphié à tous les bureaux de douane d'avoir à percevoir, dès le lendemain, les nouveaux droits. De sorte qu'on ne put effectuer aucune entrée entre le dépôt du projet de loi et sa mise en application, les bureaux de douanes fermant à 6 heures et les droits ayant été perçus, dès le lendemain, à leur ouverture.

La même réforme fut apportée au tarif tunisien sur les vins, par décret beylical publié également le 22 novembre (1).

La Chambre fut saisie du projet de loi sur les vins en même temps que du projet d'accord avec l'Italie. Elle le vota le 19 décembre, à la veille de la clôture de la session extraordinaire de 1898, par 477 voix contre 55. Il ne nous appartient pas de retracer les discussions auxquelles cette réforme donna lieu ; nous ne retenons des débats que cette phrase du discours de M. Graux, Président de la commission des douanes :

« Le gouvernement ayant, pour la première fois,

(1) Nous avons emprunté ces détails à la *Réforme économique* numéro du 27 novembre 1898.

fait au profit des vins l'application de la loi de cadenas, nous pouvons aujourd'hui discuter le projet qui nous est soumis avec la certitude que, pendant nos débats, on n'importe pas des quantités considérables de vins étrangers (1). »

Le Sénat vota le projet dans sa séance du 30 janvier et la loi du 1er février consolida ainsi sans modification les taxes provisoires mises provisoirement en application par le décret du 21 novembre précédent.

On a fait, au sujet de cette première application de la loi de 1897, cette remarque piquante qu'elle fut faite par des ministres qui avaient énergiquement combattu cette loi.

La politique a ses ironies et ses exigences.

(1) Chambre, séance du 20 décembre 1898, *Journ. off.* du 21, p. 2517.

CHAPITRE VII

Il résulte d'abord des termes de la loi que le cadenas est la conséquence seulement des projets de loi et que les propositions d'initiative parlementaire n'entraînent pas l'application de cette mesure. Le rapporteur l'a d'ailleurs déclaré formellement à la Chambre (1).

Cette restriction est des plus justifiées.

D'abord les propositions émanant des membres de la Chambre, organes d'intérêts particuliers, n'offrent pas les mêmes garanties que les projets du gouvernement, organe de l'intérêt général, et la sanction législative apparaît ici comme très problématique.

Ajoutons que la fécondité de l'initiative parlementaire, que cette extension du cadenas stimulerait peut-être encore, ne serait pas sans présenter à ce sujet de nouveaux et graves inconvénients.

Autre inconvénient non moins sérieux : à qui dans ce cas incomberait la responsabilité du cadenas ?

Observons enfin que les importations ne sont pas

---

(1) Chambre, séance du 11 juin 1897, *Journ. off.* du 12, p. 1460. Voy. aussi la question posée par M. Jaurès et la réponse du Rapporteur : Chambre, séance du 9 juillet 1897, *Journ. off.* du 10, p. 1917.

excitées par le dépôt d'une proposition de loi comme par le dépôt d'un projet gouvernemental, précisément à cause de ce fait que les chances d'admission sont beaucoup moins grandes. Il est toujours possible, d'ailleurs, au gouvernement, lorsqu'une proposition d'initiative parlementaire a rencontré faveur et paraît assurée, d'obtenir la sanction des Chambres, de déposer un projet de loi identique, projet qui a pour conséquence immédiate l'application du cadenas (1).

On a sans doute remarqué que dans une proposition de loi déposée à la Chambre, le 30 janvier 1894, par M. Plichon, l'initiative parlementaire produisait le même effet que l'initiative gouvernementale : « Dès le dépôt, était-il dit, sur le bureau de l'une des deux Chambres d'un projet *ou d'une proposition de loi...* »

De même l'amendement de MM. Dansette et Marcel Habert attachait l'effet du cadenas aux propositions de loi relevant des droits de douane, mais témoignait de plus de prudence en exigeant que cette augmentation de droits ait été, au préalable, votée par les Chambres (2).

Il ressort ensuite de l'examen de la loi de 1897 que les décrets de cadenas ne s'appliquent qu'en cas de *relèvement* des tarifs et non par conséquent quand il s'agit

(1) Voy. M. Renault-Morlière, Chambre, séance du 9 juillet 1897, *Journ. off.* du 10, p. 1917 et 1918.
(2) Chambre, séance du 9 juillet 1897, *Journ. off.* du 10, p. 1914.

de l'*établissement* de droits sur une matière entrant jusqu'alors en franchise.

Les déclarations du Rapporteur (1) ont été formelles à cet égard et il n'en était pas besoin, après les termes très explicites de l'article 1er : « Tout projet de loi présenté par le gouvernement *et tendant à un relèvement des droits de douane...* »

Il en était de même dans la loi du 29 floréal an X, en vertu de laquelle le gouvernement pouvait « provisoirement *hausser ou baisser les taxes de douane*, établir ou défendre des entrepôts... »

Nous retrouvons la même restriction dans la loi de 1814 en ce qui concerne les importations : « Des ordonnances du roi, dit l'article 34, peuvent provisoirement et en cas d'urgence :

1° Prohiber l'entrée des marchandises de fabrication étrangère, *ou augmenter à leur importation les droits de douanes* ;

2° *Diminuer les droits* sur les matières premières nécessaires aux manufactures.

Mais en ce qui concerne les exportations, les pouvoirs du gouvernement nous paraissent plus larges. Voici, en effet, le 3° de l'article 34 :

3° « Permettre ou suspendre l'exportation des produits du sol et de l'industrie nationale, *et déterminer les droits auxquels ils seront assujettis.* »

(1) Chambre, séance du 9 juillet 1897, *Journ. off.* du 10, p. 1914.

Les spéculations se produisent aussi bien quand on établit un tarif que quand on le relève et le cadenas est aussi utile dans un cas que dans l'autre. En voici une preuve :

Jusqu'en 1885 les blés entraient en France en acquittant seulement un droit de statistique ; la loi du 28 mars 1885 les soumit à un droit de 3 francs par quintal, or les importations, pendant les deux mois précédant le vote de la loi, s'élevèrent au double de ce qu'elles avaient été en 1884 et de ce qu'elles furent en 1886, pour la même période (1).

Toutefois, cette restriction du cadenas peut s'expliquer par des raisons puissantes.

Il existe, en effet, une différence assez grande entre un relèvement et un établissement de droits de douane.

Quand il s'agit d'élever un tarif, le gouvernement peut agir avec plus de certitude : d'une part, il connaît mieux les besoins de la branche d'industrie visée par les nouveaux droits, puisqu'une loi protectrice mais insuffisante a déjà produit ses effets ; d'autre part, il connaît mieux les intentions des Chambres, celles-ci ayant déjà, en votant la loi existante, manifesté leur intention de protéger la production de cette catégorie de marchandises, protection qu'elles n'hésiteront sans doute pas à rendre plus efficace.

Quand il s'agit d'établir un droit sur une matière en-

____

(1) Voy. chap. II.

trant en franchise, la situation n'est plus la même et le gouvernement marche un peu vers l'inconnu. Rien ne lui prouve que le Parlement voudra étendre la protection à des produits qu'il a jugés jusque là devoir entrer en exemption de droits, et, en présence de cet aléa, ne pas étendre le cadenas aux cas d'établissement de tarif, peut paraître une mesure de prudence.

Le mieux est parfois l'ennemi du bien.

La question ne présente plus d'ailleurs qu'un intérêt relatif: le protectionnisme a fait à l'heure actuelle de tels progrès que presque tous les produits susceptibles d'être taxés figurent au tarif des douanes, et, dans ces conditions, cette restriction du cadenas est pour ainsi dire sans conséquence.

L'amendement déposé par M. Des Rotours, pour étendre la loi de 1814 aux viandes salées, conserves alimentaires, graines et fruits oléagineux prévoyait l'application immédiate des tarifs en cas d'établissement comme en cas de relèvement de droits sur ces produits, ce qui s'explique par cette circonstance qu'aucune taxe n'existait sur les graines et fruits oléagineux (1).

Dans le même ordre d'idées, on peut observer que, d'après la loi de 1897, le cadenas n'est applicable qu'aux aggravations de tarifs (2). La loi du 29 floréal an X et

(1) Chambre, séance du 9 juillet 1897, *Journ. off.* du 10, p. 1914.
(2) Voy. sur ce point et les suivants la critique générale de la loi dans l'article de M. Wahl, déjà cité (*Revue du Droit public et de la Science politique*, 1897).

celle du 17 décembre 1814, cette dernière tout au moins
en ce qui concerne les matières premières, avaient une
portée plus générale.

On a sans doute pensé que si nos producteurs souf-
fraient d'une application tardive des tarifs relevés, ils
ne pouvaient être lésés — au contraire — par le
même retard, en ce qui concerne les réductions de
droits.

Ce raisonnement est juste, mais il oublie qu'à côté
de la catégorie des producteurs, il y a la catégorie non
moins intéressante des consommateurs. S'il y a bénéfice, pour les producteurs, à appliquer immédiatement
les élévations de droits jugées nécessaires à leur intérêt,
il peut y avoir aussi urgence de faire bénéficier les consommateurs d'une diminution de droits consentie à leur
profit, surtout s'il s'agit de denrées indispensables à
l'alimentation. On en a eu une preuve l'an dernier,
quand on a dû, par décret, suspendre les droits sur les
blés.

La loi du 13 décembre 1897 ayant été inspirée par
des considérations exclusivement protectionnistes, il
n'y a pas lieu de s'étonner que le gouvernement ne
jouisse pas de cette faculté de mettre immédiatement
en application les projets d'abaissement de droits, mais
il y a lieu de le regretter.

Ce défaut de la loi de 1897 s'est trouvé heureusement
atténué par la portée restreinte de cette loi qui ne se
rapporte qu'à quelques produits, dont il faut encore

retrancher les céréales, pour lesquelles on applique la loi de 1887 permettant de suspendre en tout ou en partie les droits perçus à leur entrée. Observons néanmoins que cette loi de 1887 n'est applicable qu'en l'absence des Chambres.

Une autre remarque s'impose à l'examen de la loi de 1897, c'est que le législateur, en exigeant le dépôt d'un projet de loi, a manqué de prévoyance. On ne peut, en effet, déposer un projet de loi en l'absence des Chambres, or c'est pendant les vacances parlementaires que pour les céréales — et ce sont les principaux produits visés par la loi — se manifestent les phénomènes de hausse ou de baisse des prix qui nécessitent les remaniements de tarifs. La nécessité de déposer un projet de loi risque donc de rendre le cadenas le plus souvent inapplicable. Telle n'a pas été certainement l'intention du législateur, mais il ne pourra pas moins en résulter pour le gouvernement des situations très perplexes.

Ce n'est pas la seule critique que nous adresserons à cette innovation qui consiste à faire précéder d'un projet de loi le décret de cadenas.

Les raisons de cette disposition, le rapporteur nous les donne en ces termes (1): « Le gouvernement lui-même ne reste pas le seul maître. La Chambre est associée dans une certaine mesure à son œuvre. Lorsque

(1) Chambre, séance du 11 juin 1897, *Journ. off.* du 12, p. 1462.

le gouvernement aura présenté un projet de douanes à
la Chambre, portant le relèvement d'un droit, rien
n'empêchera, au moment même du dépôt, de demander l'urgence et la discussion immédiate. J'admets bien
que la discussion ne puisse pas quelquefois commencer
immédiatement, mais elle aura lieu à bref délai, et si la
Chambre se trouve dans l'impossibilité d'arrêter ins-
tantanément l'effet du projet déposé par le gouvernement, elle pourra toujours, si elle le veut, l'arrêter à
très brève échéance. Dans ces conditions, il faut recon-
naître que la Chambre se trouve associée dans une certaine mesure, au moins implicitement, à l'œuvre du
gouvernement, en tous cas, le gouvernement ne reste
plus le seul maître puisqu'il est permis à la Chambre
d'entraver son action. » Ainsi donc, on a voulu, d'une
part, diminuer la responsabilité du gouvernement, et
d'autre part associer plus étroitement la Chambre à la
mesure du cadenas.

En ce qui concerne le premier point, nous rappelle-
rons que c'est le rôle des ministres d'assumer la responsabilité des mesures exigées par les circonstances, et,
en l'espèce, il est d'autant plus désirable de laisser aux
ministres toute la responsabilité du décret de cadenas
que nous sommes en présence d'un droit exceptionnel
qui demande à être mis en pratique avec discernement.

On peut, en outre, se demander en quoi le dépôt du
projet de loi dégage la responsabilité ministérielle ? On
dit que le gouvernement n'est plus le seul maître, parce

qu'il est permis à la Chambre, en discutant le projet de loi à bref délai, d'entraver son action. Mais la Chambre n'est-elle donc pas toujours libre de discuter d'urgence toutes les questions qu'il lui convient? Son contrôle est-il donc limité aux projets de loi?

En ce qui concerne le second point et cette approbation tacite du cadenas par le pouvoir législatif, il est bien évident qu'on a voulu imiter le système anglais (1).

En Angleterre, il y a, d'une part, un ordre du Chancelier de l'Échiquier aux agents de la douane, et d'autre part un avis donné par le comité de la Chambre des communes, or, a-t-on dit, l'ordre du Chancelier de l'Échiquier, c'est le décret qui paraît au *Journal officiel* le lendemain du dépôt du projet de loi, et l'avis du comité de la Chambre des communes, c'est l'intervention de la Chambre.

En établissant cette analogie, on oublie que ce n'est pas sur un projet de loi que le comité de la Chambre des Communes statue. Son vote — car il vote — est une simple autorisation donnée au pouvoir exécutif et cette approbation a été imaginée pour atténuer l'exception du cadenas au principe du vote de l'impôt. Cela est si vrai, qu'en 1885, un projet de résolution augmentant le droit sur les bières n'a pas été voté par la Chambre des Communes, ce qui prouve bien que ce n'est pas sur un projet de loi qu'elle statue, puisqu'elle ne se serait pas

____

(1) Voy. discours de M. Graux, président de la commission des douanes, Chambre, séance du 18 juin 1897, *Journ. off.* du 19, p. 1568.

déjugée quatre mois après sa première décision. Nous l'avons dit, d'ailleurs, cet assentiment ne préjuge en rien le fond.

La différence entre le cadenas anglais et le nôtre est donc essentielle.

Il est une dernière considération à faire valoir à l'égard de cette exigence du dépôt d'un projet de loi ; elle touche au droit constitutionnel.

On a vu que, dans le premier texte de la Commission, le projet de loi devenait exécutoire par le seul fait de son insertion au *Journal officiel*. Comme on avait fait observer que nul texte ne prévoit la promulgation d'un projet de loi, on a pensé qu'en faisant suivre ce projet de loi d'un décret en ordonnant l'exécution immédiate, on satisfaisait aux règles des lois constitutionnelles.

Il semble bien qu'on a voulu remédier à un vice de fond, par une disposition de pure forme. Par cela même, en effet, que le décret doit nécessairement accompagner le projet de loi, il n'en constitue qu'une formalité accessoire, et ce sont bien les dispositions du projet qui sont exécutées, malgré qu'aucun texte ne reconnaisse au gouvernement le pouvoir d'exécuter les projets de loi.

Les décrets de cadenas, sont enfin obligatoires. Le texte est formel à cet égard : « Tout projet de loi, dit l'article 1er, présenté par le gouvernement et tendant à un relèvement des droits de douane *sera suivi* d'un dé-

cret dont une disposition spéciale ordonnera l'exécution immédiate. »

Cette innovation ne paraît pas plus heureuse que les
précédentes.

Le mobile qui l'a inspirée, a été d'enlever tout arbitraire au pouvoir exécutif. Cette pensée ressort clairement de ce passage que nous extrayons du Rapport à
la Chambre (1) : « Le gouvernement gardait toute liberté
d'agir ou de ne pas agir. Aussitôt après le dépôt d'un
projet douanier, il pouvait organiser le « cadenas » ou
retarder cette organisation et attendre, par exemple, la
séparation des Chambres pour décider tout d'un coup
que la nouvelle taxe serait provisoirement exigible.
A quoi bon une telle complication de procédure ? Le
danger auquel on veut pourvoir est toujours le même et
résulte, comme une conséquence fatale, de toute augmentation des droits d'entrée. Il n'y a donc point à
prendre une décision variant suivant les circonstances
et la faculté arbitraire laissée aux ministres ne servirait
qu'à engager leur responsabilité. »

Ainsi donc le cadenas est obligatoire. On veut éviter
par là que le pouvoir exécutif néglige d'en user dans
des circonstances où il serait pourtant nécessaire, et on
l'oblige à s'en servir même quand il le juge inutile. On
a craint que le gouvernement ne fasse pas usage de la
faculté qui lui est réservée, mû, peut-être, par un mo-

(1) Chambre, *Documents parlementaires*, 1896, p. 1311.

bile intéressé, et pour favoriser certains importateurs. C'est se faire une idée peu élevée de la façon dont les gouvernants comprennent leur devoir, mais, en supposant le mal possible, on est en droit de se demander si le remède qu'on y apporte est bien efficace. Qui empêchera le ministre, à conscience aussi élastique, de prévenir les intéressés de la probabilité de la mesure? Et, dans ce cas, l'obligation du décret remplira-t-elle son but? En toutes circonstances, l'arbitraire ministériel est-il supprimé, puisque le gouvernement reste toujours libre de déposer ou de ne pas déposer le projet de loi qui déterminera l'application du cadenas?

On dit que la liberté laissée au gouvernement est sans objet, parce que, le mal étant toujours le même, il y a toujours intérêt à user du même remède. Mais il est facile de trouver des circonstances, où il est sans intérêt de rendre un projet de loi douanière immédiatement applicable. Il suffit de supposer que le gouvernement dépose un projet de loi comme mesure de représailles vis-à-vis d'un pays étranger qui a augmenté ses droits à l'entrée de nos produits, ou comme menace, afin d'obtenir une modification de tarifs préjudiciables à nos producteurs. « Des circonstances, dit M. Wahl (1), peuvent se produire où l'application immédiate d'une modification proposée dans les tarifs douaniers serait plus fâcheuse qu'utile ; qu'on suppose le pouvoir exécutif en face de l'éventualité menaçante d'une aggrava-

(1) Article déjà cité.

tion du tarif douanier américain, voulant montrer son désir de répondre à cette mesure par des mesures du même genre, et demandant aux Chambres un relèvement du droit sur les blés américains entrant en France ; il est clair que ce projet de loi ne sera qu'une menace, et qu'il pourrait être dangereux, s'il était immédiatement appliqué, pour les consommateurs. »

On a dit également que cette obligation pour le gouvernement d'appliquer le cadenas dégagerait sa responsabilité, mais, comme on vient de le voir, l'arbitraire ministériel est aussi grand sous l'empire de la loi de 1897 que sous l'empire de la loi de 1814, et par conséquent la responsabilité des ministres reste aussi étendue.

Il est permis, enfin, de se demander si, en imposant au gouvernement ce mandat impératif, le législateur n'a pas outrepassé ses pouvoirs. Cette façon de comprendre le régime parlementaire est, en tout cas, discutable, et la généralisation d'un tel système conduirait rapidement à la confusion des pouvoirs.

Un dernier reproche que nous ferons à la loi de 1897, c'est d'avoir considérablement augmenté le désordre de la matière. Le législateur a abrogé la loi du 15 juin 1861, en ce qui concerne les céréales et leurs dérivés, mais il ne les a pas replacés purement et simplement sous l'empire de la loi de 1814, il les a soumis au cadenas spécial que nous venons d'examiner. En sorte que la législation du cadenas varie suivant les produits.

Comme on faisait observer au rapporteur combien cette situation allait jeter de confusion dans les esprits, M. Renault-Morlière répondit que « ce défaut de symétrie » était imputable, non à la commission des douanes, mais à la loi de 1861 (1). C'est là, à notre avis, une erreur. Cette loi n'a pas créé un deuxième cadenas, elle a simplement soustrait certaines marchandises à la loi de 1814, mais après comme avant cette loi il n'y eut qu'un cadenas : celui de 1814. Sous l'empire de la législation actuelle, au contraire, outre que pour certains produits le gouvernement demeure sans pouvoir, la loi de 1861 n'ayant été que partiellement abrogée, il y a désormais deux catégories de produits : ceux sous le régime de 1814 et ceux sous le régime de 1897. Il est donc inexact de dire que la loi de 1897 n'a apporté aucune complication dans la matière.

Il est même des marchandises pour lesquelles on peut se demander quelle est la loi applicable : ce sont les vins et les viandes. Ces produits n'avaient pas été compris dans la loi de 1861, ils restaient par conséquent régis par l'article 34 de la loi de 1814, or ils sont également compris dans la loi de 1897. On est étonné de cette équivoque après les paroles suivantes du rapporteur (2), au cours des débats. « La loi de 1814 est restée en vigueur pour tous les produits, sauf les grains, les farines et quelques autres objets de consommation.

(1) Chambre, séance du 9 juillet 1897, *Journ. off.* du 10, p. 1917.
(2) Chambre, séance du 11 juin 1897, *Journ. off.* du 12, p. 1462.

Pourquoi, dès lors, faire une nouvelle loi, comme si la loi de 1814 était abrogée dans son entier ? pourquoi faire une loi s'appliquant à tous les objets, même à ceux qui restaient sous le coup de la loi de 1814 ? » La commission a donc pensé que les vins et les viandes étaient compris dans l'énumération du législateur de 1861.

La question de savoir à quelle loi seraient soumises ces catégories de produits a été soulevée à la Chambre par M. Carnaud (1) qui proposa, à cette occasion, pour éviter le fonctionnement parallèle de deux cadenas, l'abrogation de l'article 34 de la loi du 17 décembre 1814. Il ne fut pas répondu d'une façon nette à sa question. Nous croyons néanmoins que la loi de 1897 est seule applicable aux vins et aux viandes fraîches.

D'abord telle a bien été l'intention du législateur de soumettre ces produits à la loi nouvelle.

En outre, c'est une règle d'interprétation qu'on doit chercher à mettre les lois en harmonie entre elles plutôt qu'à les neutraliser l'une par l'autre.

Quand il y a contrariété formelle entre deux lois et qu'on ne peut exécuter la seconde sans détruire la première, c'est un autre principe que la plus ancienne est réputée abrogée, en vertu de l'adage : *posteriora prioribus derogant.*

Enfin l'équité commande cette solution. En effet, sous l'empire de la loi de 1897, en cas de non-approbation

(1) Chambre, séance du 9 juillet 1897, *Journ. off.* du 10, p. 1917.

des décrets, il est procédé à la restitution des droits perçus — et on ne saurait trop louer cette innovation, — restitution qui n'est pas prévue par la loi de 1814. Dans ces conditions, le principe supérieur de la justice commande d'appliquer la solution la plus équitable.

Ajoutons que la question fait encore moins de doute depuis l'application de la loi du 13 décembre 1897 qui a eu lieu l'an dernier pour les vins, à l'occasion du traité franco-italien.

Le projet du gouvernement était général et n'aurait pas donné lieu à ces équivoques. Les explications qu'on a fournies pour justifier la portée restreinte que la commission lui a donnée et qui a passé dans la loi du 13 décembre 1897 nous paraissent critiquables.

A un endroit du discours du Rapporteur (1) nous lisons : « La loi de 1814 a vieilli, elle contient du reste des dispositions très critiquables. On agit par voie de décret. De plus, aucune restitution n'est ordonnée pour le cas où la loi ne serait pas votée définitivement. En présence des inconvénients que pouvait présenter la loi de 1814... il vaut mieux essayer d'en faire une autre meilleure. » Et plus loin le rapporteur ajoute (2): « Fallait-il adopter purement et simplement le projet qui nous était présenté, le 1ᵉʳ février 1894, par le gouvernement ? Ce projet lui-même nous a paru avoir de gra-

---

(1) Chambre, séance du 11 juin 1897, *Journ. off.* du 12, p. 1462.

(2) Comp., discours de M. Viger, séance du 25 juin, *Journ. off.* du 26, p. 1676 et 1677.

ves défauts. Le premier, c'est qu'il avait une portée trop générale. La loi de 1814, je vous l'ai dit, est restée en vigueur pour tous les produits, sauf les grains, les farines et quelques autres objets de consommation. Pourquoi, dès lors, faire une nouvelle loi, comme si la loi de 1814 était abrogée dans son entier? pourquoi faire une loi s'appliquant à tous les objets, même à ceux qui restaient sous le coup de la loi de 1814? »

On est immédiatement appelé à se demander pourquoi, si la loi de 1814 est si mauvaise, on la laisse subsister pour les autres produits que ceux visés par la loi de 1897. Après une telle critique de la législation de la Restauration, ne s'attendait-on pas à une proposition d'abrogation de la loi de 1814?

Si cette restriction a été apportée par la Commission au texte général du projet primitif, c'est — on l'a avoué à plusieurs reprises — pour faire droit aux réclamations des représentants du commerce, mais si l'institution est bonne et utile, elle doit s'étendre à tous les produits et il est inexplicable qu'elle soit indispensable à certains et pas à d'autres (1).

D'ailleurs, on a voulu éviter par là un cadenas général, mais on ne l'évite pas puisqu'on déclare formellement que tous les produits non visés restent soumis à l'ancienne réglementation de 1814 (2). Pourquoi dès

____

(1) Voy. en ce sens : *Archives de l'agriculture du nord de la France*, année 1897, p. 180. *La réforme économique*, année 1894, p. 1288.

(2) M. Renault-Morlière, Chambre, séance du 11 juin 1897, *Journ. off.* du 12, p. 1462. — Séance du 9 juillet 1897, *Journ. off.* du 10, p. 1917.

lors deux cadenas alors qu'il eût été facile de soumettre à une même règle tous les produits agricoles et industriels ?

Quoi qu'il en soit, on peut résumer les observations que nous venons d'exposer sur la loi du 13 décembre 1897 dans les quatre propositions suivantes :

Son application est subordonnée au dépôt d'un projet de loi ;

Elle concerne seulement les *relèvements* de droits, c'est-à-dire que les projets d'*établissement* ou de *réduction* de tarifs restent en dehors de sa portée ;

Le décret *doit* suivre le dépôt du projet de loi, c'est-à-dire que le cadenas est obligatoire ;

Enfin les droits provisoirement perçus sont remboursés si les Chambres ne sanctionnent pas le décret.

Tel est le cadenas *spécial* de la loi du 13 décembre 1897, auquel sont soumis les céréales et leurs dérivés, les vins et les bestiaux ou viandes fraîches, et qui est venu se juxtaposer à côté du cadenas *général* de la loi du 17 décembre 1814.

Le cadenas est donc actuellement régi par les lois suivantes :

La loi du 17 décembre 1814 (art. 34) applicable à tous les produits sauf aux céréales et leurs dérivés, les vins, les bestiaux ou viandes fraîches (loi du 13 décembre 1897, art. 1er) et au riz et quelques autres denrées (loi du 15 juin 1861, art. 4, § 2) ;

La loi du 29 mars 1887 (art. 1er, § 2 et 3), applicable

à la réduction ou à la suspension des droits sur les céréales ;

La loi du 11 janvier 1892 (art. 8),spéciale aux représailles à exercer envers des pays étrangers mais applicable à tous produits ;

La loi du 13 décembre 1897, qui soumet à un cadenas tout particulier les céréales, vins, bestiaux ou viandes fraîches ;

Enfin pour les sucres la loi du 17 décembre 1814 (art. 34),complétée par les lois du 3 juillet 1840 (art. 4) et du 7 avril 1897 (art. 11 et 12).

On concédera que cette législation manque tout au moins d'harmonie.

CHAPITRE VIII

La loi du 13 décembre 1897 n'a donc apporté qu'un nouvel élément de complication dans un état de choses déjà assez incohérent, et cette situation est d'autant plus regrettable qu'une matière aussi exceptionnelle que le cadenas demande à être régie par des textes précis.

Puisqu'on ne voulait pas comprendre dans la réforme de notre législation les abaissements de tarifs, il eût été plus simple de rendre à la loi de 1814 sa portée primitive en abrogeant la loi restrictive de 1861.

Pour s'opposer à cette proposition quels arguments a-t-on fait valoir?

On a reproché à la loi de 1814 de consacrer l'application provisoire des droits par voie de décrets, mais nous avons vu que cette façon de procéder est bien plus conforme aux principes de notre droit public que celle qui consiste à faire suivre le dépôt d'un projet de loi d'un décret obligatoire.

On lui a reproché, en outre, de n'ordonner aucune restitution dans le cas où la loi n'est pas définitivement votée, et ce reproche est fondé, mais il aurait suffi, pour y remédier, de voter une loi dont on aurait pu rédiger ainsi l'article unique : « Dans le cas où il sera perçu des droits provisoires, par application de l'article 34 de la loi du 17 décembre 1814, le supplément de taxe perçu et consigné à la douane ne sera définitivement acquis au Trésor public qu'après le vote de la loi.

Si le projet du gouvernement était retiré ou rejeté par les Chambres, ou adopté seulement en partie, la différence entre le droit perçu et celui qui serait légalement maintenu ou établi devra être remboursée aux déclarants. »

On eût ainsi rendu notre loi de 1814 plus conforme à l'équité et aux principes du droit constitutionnel et on eût en outre évité cette situation regrettable que pour certains produits il y a lieu à restitution, alors que pour d'autres la perception est définitive, anomalie qui fait mieux ressortir encore l'incorrection du non-remboursement.

Le dernier reproche qu'on a fait valoir contre la loi de 1814, c'est qu'elle a vieilli, mais qu'importe si elle est restée appropriée aux circonstances qui l'avaient fait naître. Quand une loi a su résister à l'œuvre destructrice du temps, quand elle a survécu aux hommes qui l'avaient faite et traversé les régimes les plus opposés sans qu'on lui porte atteinte, il faut penser que sa raison d'être se rapproche beaucoup de la vérité et il vaut mieux la corriger dans ses défauts que de la réformer dans sa base. En tout cas, elle serait longue et difficile la tâche du législateur, s'il voulait remanier toutes nos lois anciennes, et, après l'examen de l'essai qu'il a tenté pour le cadenas, nous ne serions pas sans inquiétude sur l'issue de son entreprise.

Quoi qu'il en soit, l'expérience n'a pas encore montré les controverses, les perplexités et les erreurs auxquelles la législation compliquée qui nous régit peut donner naissance, et il est à prévoir que d'ici là on ne songera pas à donner aux textes plus d'harmonie et plus de simplicité.

Après avoir eu en 1897 un grand retentissement, et après avoir rencontré une opposition qui s'est traduite par des attaques amères et passionnées, l'institution du cadenas est quelque peu tombée dans l'oubli. Ses adversaires, pour la plupart libre-échangistes, l'ont combattue avec une ténacité et une ardeur d'autant plus grandes qu'ils y ont vu le prélude d'un relèvement des tarifs, et pourtant quand nous nous rappelons que c'est par l'usage du cadenas, que la France s'est acheminée en 1860 vers le libre-échange, nous nous demandons si, en l'attaquant avec tant d'âpreté, les libre-échangistes n'ont pas quelque peu manqué à la reconnaissance. Il est vrai que les adversaires de notre institution ont été singulièrement favorisés : par le nom fâcheux qu'elle

porte, par l'écho qu'ont eu en France les plaintes suscitées par l'usage abusif qui en est fait en Italie, favorisés surtout par ce fait que c'est un point de notre législ-
lation assez mal connu.

Pour nous, le cadenas ne nous est pas apparu sous
un jour aussi redoutable. Quand on l'étudie de près, il
se résume en dernière analyse à ceci : qu'il sert à *assurer le respect des lois*, or assurer le respect des lois,
n'est-ce pas le principal rôle du gouvernement? Il faut
sans doute se garder de substituer l'initiative du pouvoir
exécutif à celle des individus, mais il faut se garder non
moins soigneusement du principe absolu de la non-inter-
vention. Soutenir que le gouvernement doit se renfer-
mer dans une abstention systématique, c'est méconnaître les leçons de l'histoire qui nous montre les progrès
qui ont été réalisés par lui, et c'est méconnaître la tendance actuelle d'étendre ce plus en plus le cercle de ses
attributions. Le gouvernement n'a de raison d'être que
dans l'intérêt de tous les membres de la nation, pourquoi dès lors, voir toujours en lui l'antagoniste des individus? Notre régime parlementaire est, d'ailleurs, une
sûre garantie contre les abus qu'on serait tenté de faire
du cadenas, et il ne tarderait pas à trouver la sanction de
ses actes, le gouvernement qui ne réserverait pas cette
prérogative exceptionnelle pour les circonstances exceptionnelles en vue desquelles elle a été créée, qui en
userait dans son intérêt propre et non dans l'intérêt

public, qui, en un mot, retournerait cette arme protectrice contre la nation elle-même.

Il ne faut pas oublier non plus que le cadenas est destiné surtout à venir en aide à l'agriculture, or qui oserait nier l'intérêt qui s'attache à la protection de cette
branche principale de notre industrie ? La ruine de
l'agriculture nous livrerait à la merci des pays producteurs qui pourraient au jour de guerre nous couper les
vivres, et, en toutes circonstances, nous imposer pour
leurs denrées un prix d'autant plus élevé qu'elles sont
plus indispensables. Et que résulterait-il de ce déplace-
ment de la moitié de notre population qui vit d'agriculture, allant grossir les rangs du prolétariat, accroître la
misère et la démoralisation des villes? Quels dangers
n'en résulterait-il pas pour notre ordre social, et l'avenir même du pays n'est-il pas en cause? De plus, ce
n'est pas seulement pour l'agriculture, c'est pour toutes les industries auxquelles il s'applique que le cadenas
rend la protection plus efficace, or toutes les industries
sont également à encourager.

La tendance n'est pas d'abandonner le protectionnisme, mais au contraire de l'accentuer, et, à moins de
circonstances impossibles à prévoir, c'est un régime
définitif ; le cadenas si intimement lié au système protecteur nous paraît devoir suivre sa destinée. Aujour-
d'hui que la concurrence devient de plus en plus vive,
que, pour les nations comme pour les individus, s'af-

firme chaque jour la lutte pour la vie, il serait témé-
raire de se priver d'une arme aussi précieuse. Nous
sommes entourés de pays qui pratiquent cette institution, hier encore l'Angleterre mettait le cadenas à sa
douane à l'entrée de nos vins, pourquoi nous désarme
rions-nous les premiers ?

Vu :
Le Président de la thèse,
ALBERT WAHL.

Vu :
Le Doyen,
LOUIS VALLAS.

Vu et permis d'imprimer :
Lille, le 10 juin 1899.
Pour le Recteur, le Vice-Président du Conseil
de l'Université, délégué,
J. GOSSELET.

TABLE DES MATIÈRES

Imp. J. Thevenot. Saint-Dizier

Imp. J. THEVENOT, Saint-Dizier (Haute-Marne).